为·师·授·业·丛·书

为师篇：

育人·做人

上

高峰 ◎编著

中国出版集团

现代出版社

图书在版编目（CIP）数据

为师篇：育人·做人（上）／高峰编著. —北京：现代出版社，2014.3
ISBN 978-7-5143-2117-3

Ⅰ. ①为… Ⅱ. ①高… Ⅲ. ①师德－研究 Ⅳ. ①G451.6

中国版本图书馆 CIP 数据核字（2014）第 038740 号

作　者	高　峰
责任编辑	王敬一
出版发行	现代出版社
通讯地址	北京市安定门外安华里 504 号
邮政编码	100011
电　话	010－64267325 64245264（传真）
网　址	www. 1980xd. com
电子邮箱	xiandai@ cnpitc. com. cn
印　刷	唐山富达印务有限公司
开　本	710mm×1000mm　1/16
印　张	16
版　次	2014 年 4 月第 1 版　2023 年 5 月第 3 次印刷
书　号	ISBN 978-7-5143-2117-3
定　价	76.00 元（上下册）

目　录

第一章　教师该如何育人

第二章　构建育人环境和氛围

第三章　这样教育学生最有效

第一章 教师该如何育人

有位教育评论家曾给中国教育描绘一幅漫画:"在教室里,坐着的是学生,站着的是先生,而在精神上,这种画面却被颠了个儿,站着的先生始终占据着至尊地位,而学生坐着的身躯掩藏着的却是一个个战战兢兢地站着乃至跪着的灵魂。"纵观我们的课堂教学,大量地存在着以讲为主,学生被动接受的现象。此时,教师是学生学习的主宰者,学生学什么,怎样学,都在教师的严格控制之下。解放学生重点在课堂上,关键在教师。教师若不真正地得到解放,转变教学观念,转换角色,怎么让这些未来的栋梁之材面对这样一个需要知识、能力、技术的时代呢?新课程教学下,教师是课堂教学的主导性要素,学生则是主体性要素。如何调动学生的主观能动性,让他们自觉地参与到学习活动中来,积极主动而不是被动地接受知识,成为决定教师工作成功与否的一个关键因素。为此,解放学生就要解放教师;解放教师,也就必须解放学生。素质教育的大趋势,新的课程理念,给我们提供了这样的时机和契机,也给我们以充足的理由让我们这样做。

让学生学会自己"捕鱼"

解放学生是一个具有划时代意义的课题，教育家叶圣陶先生就说"教是为了不教"。我们理解，学生只具备单纯的知识是不可能做到自我教育的，他们只有具备完备的方法、技能、能力之后，不断提高学习能力和生活能力，彻底取得个体生命的主动权，这样才能获得完整意义的解放，不仅获得学习上的解放，也获得了人生意义上的解放，向一条马克思主义所描述的自由、全面、充分发展的道路上潇洒前行。

"教是为了不教"反映到教学实际操作层面就是让学生学会自己"捕鱼"，自己学会学习，即"授人以渔"。授人以"渔"，顾名思义，"授"就是讲授、授予，主角是教师；"人"指的是学生，一群活生生的、个性五彩缤纷的孩子；"以"，意为用；"渔"，原意指"捕鱼的方法"，在这里的意思是获取知识或答案的方法、技巧。从这字面上的理解，就看得出它更需要在课堂中去落实。

（1）我们要的是"渔"

传统课堂上，我们的教师把课堂分配得有条有理，不仅开了路还清了道，根本用不着担心有不会的地方，顺畅得像上高速公路。语文课上，除了几个读音需要纠正，其他便统统不必操心——所有的句式、段落教师会为我们分析，把所有难于理解的东西通俗化。数学课上，定理、公式你只要记住就行，不用问它从哪里来，怎么来的，什么时候应用它，习题老师也已给它归纳了几步。学习内容中的句式、定律、句型、公式等"鱼"到了学生这里，直接"输入"到学生的头脑中，学生根本不用思考、推敲，便成为了接受知识的"容器"。这真让人受宠若惊，学生是在美美地享受着"鱼"，但青春的学生们并不安分，他们希望自己去抓鱼。"鱼"，在教师那里本是"活蹦乱跳"，可一旦到了学生手里，却成了"死鱼"。学生因为享受不到"渔"的快乐而悲哀。不知从什么时候起，我们的课堂才可以"授人以渔"，不再让时间苍白地流逝。

通过观察发现，教育的效果几乎等于"鱼"与"渔"的乘积。课堂中教学中，"渔"是必不可少的，就像一个"积"不能少一个因数一样。对于物质的存在来说，肯定是"鱼"先于"渔"，有鱼而我们才去思考"渔"。但是，对于已经发展成熟的课堂教学来说，"渔"本身就是课堂教学的第一追求，特别是对于中小学教学以给学生打基础为目的，可能思考"渔"先于"鱼"就会更有价值。

在此，我们有必要先了解"鱼"和"渔"之间的秩序。"鱼"即知识技能的结论，即现成的、被别人思考、"加工"完毕的思想、道理、定义、公式、知识等；而"渔"指的是捕鱼（获取知识技能）的方法和技巧，即学生通过自己的能力，把学到的本领学以致用，运用到实践中去，从而自己在知识的海洋中用"瓢"舀出知识的"海水"。

　　"鱼"与"渔"是什么关系呢？课堂是"鱼"与"渔"的统一。课堂教学中"鱼"的生命，全在于"渔"的过程中，"渔"是一个拯救的过程，少有"渔"的课堂得到的只会是死"鱼"。因此，"舍鱼取渔"与"舍渔取鱼"都是不对的。

(2) 让学生自己动手捕"鱼"

　　卢梭在《爱弥儿》中写道："要培养孩子具有获得知识的能力，这样才能使孩子的思维开阔，头脑聪敏，能够随机应变。"让学生自主捕鱼，就是在培养学生获得知识的能力，这对我们的课堂教学有着深远的意义。

　　让学生自主捕鱼，不是"牧羊式"的不着边际，也不是"圈地式"的束手束脚，是教学理念的自然回归，回归到一种原生态的教学行为，更是给予学生一片新天地，给予学生一些工具，放手让他们尽情地、肆意地在广阔的知识海洋中捕鱼。

　　如何才能让学生自己在课堂上有效地捕鱼呢？

①拒绝教师的越庖代俎、本末颠倒

　　课堂教学，讲究引导艺术，教师的"讲"一旦过"度"了，就会冲淡学生的"学"。关键之处，教师要让学生自己去思考、推敲，以养成良好的思维习惯。即使学生思考出来的答案与我们的期待有一定的距离，但是长此下去，学生的视野会逐渐地开阔起来的。因此，在课堂教学中，教师一定要让学生自己去捕鱼。

【案例聚焦】

枯 禅

智闲禅师是百丈禅师的弟子，饱学经论，后来参学师兄灵佑禅师，一天灵佑对他说："听说你一向博学多闻，现在我问你——父母未生我之前的本来面目是什么？"

智闲禅师一时语塞，回到住处，翻遍了书本，也找不到答案，再回来对禅师说："和尚慈悲，请您开示我，什么是父母未生前的本来面目？"

灵佑禅师斩钉截铁地说："我不能告诉你，因为我告诉你答案的话，那仍然是我的东西，和你不相干，我告诉了你，你将来会后悔，甚至会埋怨我的。"

智闲禅师一看师兄不指示他，伤心地把所有经典烧毁，从此就到南阳自崖山去看守慧忠国师的坟墓，昼夜六时如哑巴吞含火珠地思考这个疑团。有一天在田园除草，忽然锄头碰到石头，咯答一声，顿然身心脱落，而大彻大悟。他于是沐浴焚香，对着灵佑禅师的方向遥拜着说："和尚您实在太慈悲了，假如当初您告诉了我，我就没有今日的喜悦了！"

禅的悟不是别人给我们的，是要我们去心领神会的。

教育有着同样的道理，很多情况下教师不停地给学生念叨，注意这些，注意那些，但是教师说得再多，学生同样犯错。下海呛水才会尝到海水的味道，积学深思才是激发灵感的源泉。教师的工作所能做的极限只是把米饭喂到学生的嘴边（且不论这样做对不对），最后的吞咽还得学生自己去完成。教师的教无法取代学生的学，知识只有通过自己的内化才能变成学识，技巧只有通过自身的操练才能变成自己的技能，经验需要自己的反复领悟才能变成自己的能力。只有当学生掌握了方法、能力，具备了独立的素质之后，才能获得真正的解放，从这个意义上，学生的解放来自于自我学习能力、独立生存能力的提升。

②还学生以"主体"地位，让其成为课堂中的主角

让学生自主捕鱼，教师就要真正让学生当"渔者"，把鱼竿交到学生手中，给他们钓鱼的时间，允许他们探索钓鱼的方法，鼓励他们展示自己的钓鱼技巧。相信，这样学生才能真正全身心地投入到钓鱼活动之中，才能真正感受到自己是学习的主人的乐趣，才会以课堂主角的身份展示自己的才智，才会真正承担着起一定的"思维责任"，在思考的过程中，融入了个人的知识水平、阅历、能力、个性特长等因素，因而，其思考结果也会明显地印有"自我"的个人色彩，这样的思考就比单纯地接受知识高出一个层次。

【案例聚焦】

杜郎口中学是一所农村初级中学，其成功的教学模式在全国有很大影响，其最大特点是让学生成为学习的主体，成为课堂中的主角，成为了导演而不是演员。

杜郎口教学模式以学生在课堂上的自主参与为特色，课堂的绝

大部分时间留给学生，老师仅用极少的时间进行"点拨"。他们把这种特色叫做"10＋35"（教师讲解少于10分钟，学生活动大于35分钟），或者"0＋45"（教师基本不讲）。杜郎口中学的课堂是同时开放的，所有学生在同一时间里同时用心灵用生命讲述课堂的故事、讲述成长的故事。24个班的课堂形式多种多样，甚至五花八门。课堂的气氛热烈而不失和谐，杜郎口的课堂发言几乎不用举手，学生站起来就说，说完自己坐下。另一个接着说，但是由于学生的参与热情很高，常常会遇到两个人甚至几个人同时站起来发言的时候，这时老师也不调解，学生同时说上一句半句的，就会有人让出来。这样的课堂：没有老师的呵斥，没有老师的监督，没有老师的"谆谆教导"，这里的课堂完全是学生的舞台，老师混杂于学生中间，常常很难辨认。这里的课堂完全是学生自觉地激情投入，他们爱课堂、爱知识、爱学习！

③既给学生鱼竿等捕鱼工具，又给学生"金点子"

清华大学的老校长蒋南翔先生在一次大学生毕业典礼上说："一个大学生进入社会，就好像一个猎人进入森林。我们不只要给他足够的干粮，还要给他一支猎枪。"这里的"干粮"就是我们课堂中的"鱼"，"猎枪"就是"渔"。

课堂教学中，教师如何让学生自己去捕鱼呢？是赤手空拳吗，还是全副武装呢？在捕鱼过程中，遇到困难，又该怎么办呢？那么先让我们看看这个平凡而又深刻的故事。

【案例聚焦】

一堂让我终生难忘的课

秋 玲

刚上初中，万事万物都显得特别的新鲜。那一幕幕至今留在我的脑海中，一刻也不曾抹去过。上初中后的第一堂数学课，更是一堂让我终生难以忘记的课。

数学老师王光萍是一个很年轻的女老师，上课铃响后，她踱着方步慢慢地走进了教室。班长叫了"起立"，我们齐刷刷地站了起来。王老师让我们坐定后，并没有急于讲课，而是先自我介绍了一番。然后从讲台上下来，走到同学们中间。

"同学们，在开始上课之前，我先给大家做一个有趣的实验。"她变戏法似的从身后拿出一条红色的毛线。

"大家看好这是一条完好的毛线，将它拉直，看上去是直线，很美，有几何的美，也有代数的美。"这时只见她一使劲，把好端端的一根毛线拉断，成了两截。"这条毛线从中间断了，要是我们再把它结起来会是什么样的情形？"同学们一个也不说话，屏住呼息，静静地看着老师的一举一动。这时王老师迅速把两截断了线结到一起，又合为了一条线。她把线拉直，呈现在我们面前。"同学们，大家看看这条线，还是一条直线吗？"我们异口同声地说："是！""可是这条线与刚才那条有什么不同了呢？"她问着。"多了一个结，似乎不太美观了。""大家说得很对！"然后她开始了这个小小的实验的一番解说。

"同学们，中学阶段的数学课，是一门很难掌握的课程，如果你这一阶段没学好，或是基础没有打牢，下一阶段再来补习的话，就很难补上去了，生活中总会留下一些遗憾。就像刚才的那条毛线，如果一直扎扎实实地学习，每一阶段的课程都紧跟着老师的步骤，就会成为一条完美的直线。一旦你在中间断了，再怎么拴，也会有一个结，怎么也抹不平。你们愿意让自己的学习生涯中有这么一个结，挡着你们前进的路么？"王光萍老师话音刚落，同学们报以热烈的掌声以示答复。

看着朝气逢勃的学生，王老师开始了她的第一堂数学课。

王光萍老师的第一堂课，用一个小小的实验，不仅教会了我如何学习，也教会了我如何做人与处事。无论是学生时代，还是在步入社会后都很受用。

每每遇到自己偷懒，应付了事的时候，那个鲜红的毛线结就出现我的面前；每当犯错误的时候，总会在想我的人生中是不是又多了一个结？有了结，要怎样才能抹平？无论做任何事，我都在心底默默地给自己打结，做得好的打一个"好"结，做得不好的打一个"坏"结，用"好"结来充抵"坏"结，直至好坏相冲，抹成平结为止。每当获得成功的时候，我总会想着，坏结又少了一个，好结又多了一个。以至于参加工作这么多年来，一直保持着积极向上的劲头，一直保持着一种逢勃向上的朝气。

有人曾经做过调查，问被调查的人有没有哪些老师能够让他们终生难忘，这些老师为什么能让他们如此难忘。尽管他们的答案千奇百怪，但是最后总是符合一个结论——一位让人终生难忘的老师绝对不是一位只会教授知识的老师。让学生轻松地学得知识只是解放学生的一个方面，让学生的所学能够和自己的生命体验联系起来，让学生通过学习知识来解放自己无疑是更高层次上的解放。

一个好的教师常常是一个具备智慧的教师，一个不经意间的"金点子"往往能够照亮学生的一生，让他们获得终生的解放意义。

④授予学生"适宜"的"渔"

"渔"，一种技巧、方法，那么，我们应该授"什么渔"才合适呢？才能提升学生的能力水平呢？

◆**独立思考的方法**。独立思考就是让学生自己去解决所遇到的问题。遇到难题时，教师可引导学生静心推敲、琢磨，可以通过查找资料的方式寻求问题的解决，不必急于求成，如果"绞尽脑汁"也想不出来，再请教老师或是同学也不迟。

◆**自主学习的方法**。教师要大胆地放手，让学生真正的自主学习，让学生在课堂中畅所欲言，给学生充分的思考空间……总之，给学生最大的选择权和自由度。

◆**创新能力的方法**。让学生在思考问题时从多个角度出发，不拘一格，多想出几个解决的方法和途径，运用发散性思维，不怕错误，不怕失败，就是要学生明白"事物的正确答案不止一个"。

◆**质疑能力**。鼓励学生敢于怀疑，怀疑什么呢？怀疑书本、怀疑教师、怀疑参考答案和"标准答案"。如何怀疑呢？多问几个"为什么"，对任何问题，头脑里都要保持这样的"？"，相信学生养成习惯后，质疑能力会大大增强。

◆**学以致用的方法**。学与用如何有效统一起来？如果只学不会用，那么学再多的知识也没有意义，可以告诉学生：解决这个问题，可以运用以前哪些知识点呢？先从问题本身搜索出其"相关点"（即问题本身与以前学过知识的相同或相似词语、意义、内涵等），接着再从头脑中"取"出所需知识。

⑤ "渔"和"鱼"必须"天人合一"，有机融合在一起

"渔"与"鱼"是辩证统一的，必须融为一体才能发挥威力。"授之以渔"的先决条件是学生必须先有"鱼"。这个道理很简单，学生如果没有一定的基础知识，即使"授之以渔"，对他们来说，也是徒劳无益、无济于事的。就像一个没有学过几何知识的学生，教师一下子就教能他学"圆"的方法，他能学好吗？这种概率有多高？因此，"授之以渔"必须是在学生具备相应的知识、技能的基础之上的。

（3）这样授"渔"最有效

"授人以鱼，不如授人以渔"，道理其实很简单，鱼是目的，钓鱼是手段，一条鱼能解一时之饥，却不能解长久之饥，如果想永远有鱼吃，那就要学会钓鱼的方法。拥有"鱼竿"或捕鱼工具，再授予"渔"，就能使学生真正成为知识的主人。

"授之以渔"，从源头上解放了教师，使教师不但"教"得轻松自如，而且还能让学生"学"得兴高采烈，朝则撑一把船桨，载着一小桶"渔"，暮则迎着西下夕阳，满载一船"鱼"而归。可喜可乐！

下面就从"授之以渔"的策略方面进行研讨，以使我们的课堂教学时更为有操作性。

①择"愤悱之时"授"渔"

授之以渔，要讲究时机，把握火候。老师教学时恰如其分地把握"授渔"的时机——学生"愤悱之时"，就可以真正的达到不教的境地。孔子云："不愤不启，不悱不发"，其中"愤"是指"心求通而未得之意"，"悱"是指"口欲言而未能之貌"；"启"是"开其意"，"发"是"达其辞"。"愤悱"是指学生，"启发"是指教师。"不愤不启，不悱不发"，在教学时，教师善于察言观色、调查研究，当学生欲知而不知，想说又说不出时，就是他们心理上产生了"愤"与"悱"的状态，这时他们的注意力集中、思维敏捷，教师在此时只要略授"渔"，学生即会意开词达、韶然开朗，收到举一反三、触类旁通的良好效果。

②授"渔"，要让学生能举一反三学与用

教学中，举一反三这个词，总离不开学以致用。要想做到举一反三，在授"渔"时，深刻理解学与用的关系，或者至少懂得如何发散和升华所学到的东西，这样才会更见到实效。

全国语文特级教师韩军提倡"举一反三"，力求通过举一反三达到事半功倍的效果。他曾经做过这样的尝试。在教学《背影》时，利用三节课时间，让孩子学了 14 篇文章。怎么学呢？第一节课，精讲少讲，剩下两节课干嘛？自己看书。不看课本，而是补充了与《背影》类似的 14 篇文章，学生自由阅读，自由讨论。结果

呢，实验下来，学生读得兴致勃勃、讨论得热热闹闹，从课上读到课下、讨论到课下，欲罢不能，有的学生还为阅读过的所有文章都洋洋洒洒写下了批语。

③授"渔—，要有方法的点拨，能力的培养

提升学生的素养固然重要，但培养学生的能力、点拨学生的思维也不可忽视。教师在这个环节中，着重教学生方法。方法没有好坏之别，但有适合与否之分。掌握了正确的方法，就可以事半功倍，学起来如风行水上；没有正确的方法，只能事倍功半，学起来就像挑担上山。以语文阅读为例，老师在阅读指导与点拨上，大凡可以教育学生朗读、默读、赏读等的方法和技巧。

这样"授渔"之后，学生就会获悉阅读课文的方法，这对于学生个人阅读能力会起到很大的促进作用，学生会因得"法"而提"水平"，会因教师的"授渔"而茅塞顿开、豁然开朗，从而培养了学生的阅读能力。

④"因生"授"渔"

"授之以渔"要尊重学生的个性特长，充分挖掘了学生的"内潜力"，让学生酣畅淋漓地挥洒自己的聪明才智。

教师面对的是一个个1生格迥异、知识能力水平截然不同的学生，这注定了教师在授之以渔时不能一概而论，而要"因人施渔"。授之以渔时要吻合学生的"最近发展区"，结合学生的真实情况，有的放矢地对症下药，以达到预期目的。就像两个能力不同的学生，如果我们都授以同一种方法和技巧，或许，在能力较强的学生

那里能够有效果出现，可是，对于能力稍逊些的学生来说，却是很不公平的，他也按教师说的去做，可是却总是不见效果，可能他自己也百思不得其解。

因此，"因生"授"渔"很重要。

教书，更要育人

传统教育体制下，教好书是可以实现的。传统教育下，我们能教出清华北大的高材生，能教出哈佛耶鲁的留学生，能教出掌握专业技能、专业领域能够突破尖端科学瓶颈的专业人才。然而，这样单纯地教，也会"教"出这样的 j匕大学生——因为无法梳理自己的嫉妒心理而杀害同学；会"教"出这样的清华学生——因为舒缓不了工作压力而跳楼自杀；会"教"出这样的北科大学生——因为一时没有生活费想到抢劫学校银行。

传统课堂上，更多的注重了学生认识自然、认识社会、了解历史、思考未来方面的知识并发展他们的智能。我们的教育就在这样的课堂教学中无意地忽略了学生立于社会的人格素质培养、民族精神培养、爱国主义思想培养，等等，无意中背离了我们想要教好祖国合格下一代的初衷。目前是该用"教书育人"来要求我们的工作的时候了。教师教学中要关心爱护学生，在传授专业知识的同时，以自身的道德行为和魅力，言传身教，引导学生寻找自己生命的意义，实现人生应有的价值追求，塑造自身完美的人格。

我们授课一般通过课堂来实现，教师的言传身教就突显出了它的作用。教师要在学生心目中树立崇高的威信。在道德、品质、思想信念、行为模式等方面对学生有吸引力、号召力、凝聚力和认同度的教师，其教学效果必是事半功倍。俄国著名教育家乌申斯基说："在教学工作中，一切都应以教育者的人格为依据，任何章程和纲领，任何人为的管理机构，无论他们想得多么精巧，都不能代替人格在教育中的作用。没有教师给学生以个人的直接影响，深入到学生品格中，真正教育是不可能的。"

"教书育人"简单的四个字对教师的素养提出了新的要求。首先教师必须具有渊博的知识和严谨的治学态度。教师的言行对学生起着潜移默化的作用，有时简单的一句话会给学生留下终生难忘的印象。教师展示的不仅是丰富的科学知识、严谨的教学风范、解决问题的方式方法，而且还有教师的个性及心理素质。教师在课堂上的一言一行，学生尽收眼底，因而教师在课堂上所表现的优良品质会潜移默化地感染学生，在"教书"同时起着"育人"的良好作用。其次教师还要严以自律，严格要求，以身作则，做身先士卒的垂范。另外还要关心热爱学生，课后倾听学生的声音，做学生的良师益友。爱是人类的情感之一，情感就是人们对于客观事物是否符合个人需要而产生的态度及情绪体验，它在教育过程中具有巨大的作用。故而，教育，并非简单的知识传递，而是教师人格魅力的延续。因此，我们要在每个学生心中撒下爱并播下诚实、正直、善良的种子，用自身良好的品格、睿智，点亮学生智慧的火花，使每一个学生都能用最灿烂的微笑迎接每一天太阳的升起，并最终成为一颗颗耀眼的星星。

再说句夸张的俗语，哪怕是灵丹妙药，也需对症下药，才能药到病除，体现在教学中就需要我们的教师根据新时期学生的特点启迪学生心灵，以达到教书育人的目的。

现在的学生究竟有哪些特点？这是教师在教书育人过程中要注意的问题。教书育人的指导思想一定要突出时代性，适应培养现代化建设所需要的人才。教师在教学中要通过多种渠道掌握学生的思想动态，采取适合学生心理特点的措施加以诱导，使学生牢固树立起正确的思想观点，明确学习目的和任务。可以针对学生的特点开展一些健康有益的课外活动，把学生吸引到正面来，寓教育于各种活动之中。如经常开展纪律法制教育，增强他们的纪律法制观念，使他们懂得遵纪守法的道理。

各科任课教师是教师队伍的主力，是对学生进行思想素质教育的一支最广泛、最直接的力量。教师是教育和教学活动的组织者，在教育过程中处于领导者的地位，各科教师教育内容的选择、教育活动的调节及教育手段的改进等，都会体现其在教育过程中的重要作用。各科教师通过教学活动指导着学生的身心发展。学生知识的开拓、智力的发展、良好的知识品德的形成，在很大程度上取决于各科教师。从某种意义上讲，各科教师决定着教育和教学活动的成败，决定着培养人才的质量。

教书和育人是紧密联系在一起的，这是人类社会教育过程中所共有的特征，也是教育规律的客观要求。教学活动不是随意性的，而是根据一定社会所确定的教育目的和任务的要求，教师按规定的教学内容，有目的、有计划地传授给学生，使学生掌握一定知识，形成一定的知识体系，成为一个社会所需要的人。所以，教书只是手段，育人才是目的。教书和育人是紧密联系在一起的，这是一条最基本的教育规律。将教书和育人割裂，只顾教书，不管育人，这不仅是淡忘了自己的社会角色，缺乏职业道德，而且是对党的教育方针和社会主义教师神圣职责的亵渎。每个教师都要遵循教育规律，不仅要做好专业知识的传播者，还要自觉当好正确政治方向的引导者和高尚心灵的塑造者，才不愧为合格的人民教师。

从"教书"到"育人"的过程就是一个解放学生的过程，传统的知识教学只会更多的禁锢学生的思维，过分重视智商而导致"人格畸形"，日常生活中人们就会常说"这个孩子读书读迂了""书读得越多越迂腐"。强调育人，无非就是注重培养一个独立的学生、健康的学生、和谐的学生、高雅的学生。只有这样的学生才能通过知识获得解放，只有这样的学生才有获得解放的可能。

帮助学生挖掘自身的潜力

每个人都有潜能，都有让自己惊讶让别人侧目的潜能，这些固有的能量需要我们合理地挖掘。心理学指出，一般人的智能只开发了 2%～8% 左右，像爱因斯坦这样的大科学家也只开发了大约 12% 的智能。这就是说，我们还有 90% 的潜能处于沉睡状态。一个人如果开发了 50% 的潜能，就可以背诵 400 本教科书，可以学完几十所大学的课程，还可以掌握二十多种语言。

"潜能无极限，爱拼才会赢。"要发挥我们尚未发现的潜能，就要主动去"拼"，竭尽全力！学生是一部部还未完成的作品，未完成就是无限可能，下一秒钟世界上会发生什么我们无从知道，学生会变成什么样我们也无从知道，但是如果我们怀着某个信仰出发，有意识地培养他们向着合适方向发展，这部作品我们就可以归类了，归到优秀作品这一类是完全有可能的。

【案例聚焦】

这是一位老师的陈述。

班上有一名基础差、学习习惯也差，而且厌学情绪很浓的学生。他姓李。以前曾经教过他的教师善意地告诉我，对他尽力就行了。言下之意：这孩子出息不大，没必要花多大的力气去教育。我付之一笑。然而，我很快感觉到那位教师所言非虚，这之后，我是常常为花了好大的力气而这名学生的成绩却无多大的起色而烦恼。不仅如此，他还对老师有着一种说不上来的不友好情绪，影响着其他学生学习的积极性。但我没有就此放弃。

通过一段时间的观察，我发觉他也有着一些优点。比如说，他热爱劳动，每次大扫除他都不知疲倦地忙个不停。他还乐于助人，同学们有了什么困难，他总是热心地帮助。而且跟其他同学一样，他也有着自己的爱好——踢足球。发现了这些后，我又有了主意。我要利用一切可用的机会，大张旗鼓地表扬他，树立起他的自信。起初，尚不适应的他故意做出一种不屑一顾的神情，但很快我就发现他十分在意老师的表扬了，而且对我也有了一些好感，我也不失时机地利用与他一起踢球的机会和他交谈，掌握他的心态，了解他现状形成的原因。

交谈后了解到他也想好好学习，但是基础差，学不进，而且一直成绩就不好，失去了自信。怕同学笑话，老师因为成绩而不太喜欢他，他也就破罐子破摔，索性混个几年算了。我便因势利导，告诉他：你并不笨，只是前面耽误了，只要你从现在起好好学还是能够学好的。而且你也有许多优点，只要你能够在以后的日子里发扬优点，并改掉坏习惯，同学们不但不会笑话你，还会佩服你。他接着又对我说："如果以前的老师能够这么反复教育我的话，我一定会听老师的话好好学习的。"听完他的话，我深有感触：如果每一个教师都能够充分地相信学生的能力，在尊重学生的人格的基础上因材施教的话，像这样的问题学生一定会减少许多。

这之后，我一面为他补课，一面教育他如何才能赢得好的成绩与大家的尊重。在他取得了哪怕是很小的进步后，我都要郑重其事地给予表扬。在他出现问题时，我首先要问清事情的原委再行处理。如果问题在他，我也总以说服教育为主，决不训斥。这样过了一段时间后，他重新树立了学习的积极性与兴趣，学习十分用功，成绩也很快有了一定的起色。在期末被同学们一致推选为进步最快的学生，还被评选为"优秀学生"。

这个事例告诉我们：要尊重每一个学生，不因他们年龄小而忽视、推塞。只有这样，我们才能做好教育工作。也只有做到这一点，我们才能把素质教育真正落到实处，充分挖掘学生的潜能，促使他们素质的提高和全面的发展。因此，我们教师有必要记住这一点：要想挖掘学生的潜能，首先要把他们看成一个平等、独立、有尊严的人。

青年教育家林格说过，当鞋合脚时，脚就被忘了。这个时候，是鞋合适、脚自如的时候，这个时候，是脚发挥能动作用的时候。如此看来，我们教师在教育评价中要考虑学生特点，特别针对不同的评价对象，找到适合学生发展的评价方法。合理的评价也是教学最高效的有效途径：合理的教学评价能激发学生上进，调节学生行为，指出学生努力的方向；不合理的评价不仅不能促进学生的发展，甚至会制约学生潜能的发挥。

挖掘学生潜能的前提是要尊重他们的人格，要想把每一个学生都教育成华罗庚式的人物，是不太可能的。但这并不能说明学生是笨的，是不可教的。事实上是每一个学生都有着无尽的潜能。只要我们能够针对他们各自的情况，采取适宜的方法因材施教，那么，我们所教的学生一定能够取得令我们满意的成绩。

学生的潜能就像一个有着丰富资源的矿。但这个矿并非对每一个人都开放着，只有那些取得他们信任的人才能够走进去，才能挖掘、开发它。教育本身就是一种开发资源的工作，教师就像那一个个排队等候取得挖掘资格的采矿人。学生是活生生的人，有着作为人的尊严与人格，如果我们能够把学生当作完全意义上的人来看待的话，我们的工作就会因为得到他们的协助而一帆风顺。但如果我们忘记了这一点的话，那我们的工作也将面临着困境。

值得一提的是，教师对学生的潜力的挖掘就是让这个学生成为他本身的自己，成为名副其实的自己，一个完全的自己。可以想象，如果一匹千里马只能以60%的自身潜力奔跑在辽阔草原是多么的痛苦，它一定会意识到自己被无形地束缚着。我们的教师不仅要告诉学生他们是千里马，更应该不断协同学生去挖掘潜力。真正的自我，充分的自我，出色的自我，才是被解放的自我。

让学生充分展示自己的个性

个性是天生的，还是培养的？一个人没有个性，便失去了自己。准确地说个性是受到保护而成长起来的。作为教师，让学生展开自己的个性，这实际是上不只是解放学生的要求，更是职业道德的要求。

一个人没有个性，便失去了自己。当前，我们的教育尊重了学生的个性了吗？现今许多整齐划一的培养模式，是有很多弊病的，原因之一就在于它抹杀了个性。不能保持自身的个性是一种"懦弱"，不能尊重别人的个性是一种"霸道"。在当下的教育管理中，我们的教师首先就得尊重个陛，而后才可能充分的展示学生的个性。

（1）尊重学生的个性

尊重学生的个性，这并不是一件容易的事。但事实往往是我们培养的人才没有一点个性，很可能就不是一个很出色的人才。考究以往的学者、教授、研究员、名人，他们则更是如此。那些人的个性在性格、脾气上多有特殊性。现实中，一些奇才大器者往往个性鲜明、瑕瑜互见。作为教师，我们必须豁达、大度、有雅量，首先要以尊重之态对待学生，千万不能将学生的个性视为缺点，以至不惜采用"抓辫子、戴帽子、打棍子"的手段来歧视他们。

今天的学生，明天的人才。加强对学生个性的尊重，这样的教育更多是一种创新，必须营造"不唯书、不唯上、不唯洋、不唯他、只唯实"的教育文化氛围。我们都是应该鼓励各类学生敢于想前人没有想过的问题，做前人没有做过的事情，要尊重和善待新生事物，不要泼冷水，要多加鼓励，包括要认真听取和保护那些看似脱离主流，有悖传统的观点和意见。要知道，你尊重或者容忍了学生的个性，你才有可能赢得他们的尊重。而一旦关系融洽了，氛围形成了，那么所谓"崇尚集体精神和强调个人成长、发挥作用"，才能和谐有机地统一起来，而所谓"引领创新，培养一大批善于发现和运用新规律来改造自然界、社会和人类自身的未来社会的创造者"，也才能水到渠成、瓜熟蒂落。

尊重学生的个性，在管理中是非常重要的。有时，尊重个性便意味着尊重创造，这便是一种创新教育。只有这样，我们的学生在某些方面，他们才更爱独立思考，有独立的见解。这就要求我们的教师看一个学生，要从主流和大节上去看，不能以偏概全、求全责备，要体现爱生之心、识生之智、容生之量、用生之艺。

（2）个性教育是新时代教育的需要

建国以来，虽然我国的教育取得了巨大的成绩，但是还是引起人们对我国教育制度的质疑：我们的教育为什么没有培养出特别出类拔萃的世界级大师？没有培养出顶尖级的人才？没有一个在国内工作的人获得诺贝尔奖？这是因为长期以来我们的教育重共性、轻个性，扼杀了人的个性及创造性。因此，为了适应新时代的发展，个性教育势在必行。

①传统教育扼杀了学生的个性及创造性

长期以来，我们的教育一直比较重视对共同价值观、集体意识的培养，却忽视了个人主体性与独立人格的培养，忽视了个体意识和独立精神在提高人的素质特别是创新精神方面的意义与作用。统一的教材，统一的教学方法，统一的答案，统一的价值观念和统一的行为准则，在这种教育模式之下，学生的爱好和丰富的想象力受到限制，创造力受到压抑，个性得不到发挥。

"师道尊严"在人们心目中根深蒂固，教师总是有意无意地把自己看作是知识的权威，高高在上，无法容忍学生的"不同声音"。有相当一部分教师认为"听话""守规矩"的学生才是好学生，对待有"异己思想"的学生不是企图说服就是命令或者斥责。孰不知，教师在要求学生"听话"的同时，也忽视了学生的个性，剥夺了学生自主解决问题的权利，促成了学生被动依赖性格的养成和创新能力的泯灭。

因此，中国近代教育改革家蔡元培先生早在 20 世纪初就大声呼吁教育要"尚自然""展个性"，坚决反对传统的旧式教育对儿童个性的摧残。

②新时代呼唤个性教育

个性教育是新时代一种新的教育埋念，个性教育注重学生主体发展和潜能的发挥，以培养创新型人才为宗旨。

一是，个性教育有利于促进学生的全面发展。

我国的教育目的是培养德、智、体、美等全面发展的社会主义事业建设者和接班人。要实现这一目的，要求尊重每个学生的独特个性，并培养学生的特殊才能以适应社会不同领域的需要。全面发展既非平均发展，也非平庸发展，其核心是个性的全面发展。

全面发展的个性观，强调在学生全面发展的基础上，发展学生的个性，认为每个正常的学生都有各种能力及潜在的发展基础。只要社会为其发展创造条件，学生的各种能力都会得到发展。同时也认为，由于每个学生先天生理条件和后天社会环境的不同，学生与学生之间也存在着种种差异，这种差异也正是学生的个性。现代社会要求的学生的个性，是在全面发展基础上的丰富多彩的个性。尊重个性，不仅能促进学生的差异发展，更重要的是促进学生的全面发展。

二是，有利于激发和保护学生的创造性。

人的高贵之处在于有思想，任何一种真正的思想，都有鲜明的个性，而思想的本质特征就在于他的创造性、独创性。具有独创性才能的学生，往往在思想行为上是具有独特个性的学生，学生的良好个性发展是培养创新意识、创新精神、创新能力的基础工作。怎样培养学生的创新精神呢？一个重要的方面是要给个性发展以宽松的时空。没有个性谈不上创造性。只有学生个性得到充分发展，学生的潜能得到充分的发挥，探索求知的欲望得以调动和满足，才可以发现新问题，才能孕育出真正的创新性。

因此，我们要保护这些学生的创造性，就必须尊重他们的个性。对他们的个性多一份尊重，就会为社会保存一个创造性的人才。

三是，有利于个体实现自我价值。

一般说来，人的个性是通过每个人的思维方式和行为选择方式而反映出来的。一个有个性的人，他的思维方式和行为方式，常常与众不同，甚至不能为一般人接受和理解，往往被斥为"异端"，而他们的智慧恰恰就蕴涵在其"怪异"的个性中。尊重个性不仅能使学生受到激励和鞭策，增强自信心，而且还能挖掘自身潜能、充分发挥聪明才智，获得生命的乐趣。

学生来自不同的社会阶层，基础不一样，兴趣不相同，个性有差异，把他们混杂在一起施教，是很难把他们都教好的。一个班四五十个学生，他们具有不同的心理发展水平，如果教师不考虑学生的个性差异，就会脱离学生的实际，尽管有统一的进度，教学目标却难以达到。同是一个班，做着同样的练习，有的5分钟就够了，有的半个小时也做不出来。可见，传统的班级授课制，使用同样的教材，采用同样的方法，要求同样的步伐，并希望学生像士兵在操场上齐走步那样步调一致，是根本办不到的。采取这种教学体制的结果只能是迟钝的学生跟不上，聪明的学生不满足，天才儿童不能脱颖而出。所以，教育家们积极倡导推行个性化教育，因为它与共性教育相比，具有很多优越性，尽管许多人现在还没有完全认识它，但是，它有广阔的发展前途，未来教学必然由它来代替。

（3）践行尊重个性、因材施教

①改变教育观念，确立学生主体发展思路

构建学生主体地位，是新的课堂教学价值观的核心内容，在此

观念指导下的教育行动，能使学生的个性得到充分的尊重和发展。

在教育活动中要做到：面向全体学生，把每一个学生都培养成为合格的公民。每个学生都有与生俱来的发展潜能，都有获得成功的愿望和要求。因此，要选择适合学生的教育，而不是挑选适合教育的学生。善于发现并尊重学生的兴趣，尤其是相对稳定的、具有发展潜能的兴趣，逐步培养其优秀的品质和健康的个性。

教师转换角色是成功构建学生主体的基本保障。角色转换的核心是要变"主宰"为"主导"。

②营造民主平等的教育氛围，为学生个性发展搭建平台

对教师来说，比学识更重要的是为学生营造愉快宽松的成长环境。民主平等意识又是创设这种环境的思想基础。因此，教师应改变过去当传授者和训导者的角色观念，转变成教育教学中的参与者、组织者、引导者和合作者。教师要尊重学生的个性，来到学生中间，与学生融为一体，与学生一样平等，放下架子（权威者的架子），放下面子（勇于承认教学中的失误、错误和不足之处）。允许学生发表不同的意见和看法，允许学生对课本、教师等权威提出质疑。给学生表达自己思想和情感的机会和时间，给学生提问题的机会和时间，彼此相互尊重、互学互动。这样学生才能毫无顾忌地去大胆猜想、想象，大胆推断和得出结论，才能有效展示自己的聪明才智，个性才能得到充分的尊重与发展。

③欣赏学生的不同"声音"

赏识是个人精神生命的阳光、空气和水，它体现的是对学生个

性的尊重，对生命的尊重。渴望认同、渴望赏识，是每一个学生深层的精神需要。学生同样有被欣赏、被尊重、渴望自我实现的需要，正是这一系列的需要成为学生发展的内在驱动力。教育就要顺应或激发学生的各种需要，使学生的个性得到尊重、发展与张扬。因此，要以欣赏的姿态倾听来自学生具有个性的声音，尊重、赏识他们的兴趣爱好、观点看法及选择倾向。就像陶行知先生所说的那样："人像树木一样，要使他们尽量长出去，不能勉强都长得一样高。应当是：立脚点上求平等，于出头处谋自由。"

④因材施教，培养学生个性的独特性

根据学生心理的个别差异进行因材施教是教育上的一个普遍规律，它历来为教育学家们所重视。早在两千多年前，教育的开山鼻祖孔子就采用了因材施教的办法。他对每个学生的性格、才能、志趣和特长等都了如指掌，并据此对不同的学生提出不同的要求，对不同学生提出的同一问题也常有不同的回答。有一次，仲由（即子路）和冉求都问孔子听到道理之后是否就要实行，孔子对子路说："你有父兄在前，怎么可以听到就去做呢？"而对冉求说："听到后就应该去做。"公西华见到这种情况有些疑惑，就向孔子请教。孔子回答说："求也退，故进之，由也兼人，故退人。（意思是冉求平日遇事退缩，所以我给他壮胆；仲由胆大好胜，所以我要压阻他。）"孔子的因材施教的主张，是一条宝贵的教育经验。

现在有学者提出，教育的一项重要职责就是帮助学生发现自己，认识自己。我想，这个"发现自己""认识自己"，就是发现、认识自己是一个什么样的"材"，帮助确定自己需要什么样的

"教"。所以，如果我们的老师能真正地"因材施教"，那就是最大的"以人为本"，最好的"尊重学生"了。

教育，就要扬其所长，补其所短。只有尊重个性，因材施教，才能让每个学生都获得成功，乘着优越于他人的翅膀飞向属于自己的天空。

重在培养终身受用的好习惯

叶圣陶先生在《习惯成自然》一文中说："就是不必故意费什么心，仿佛本来就是那样的意思。"按照现在教育心理学的说法，习惯，是经过反复练习、实践，逐步养成的不需本人意志努力和旁人提示、监督的生活方式和行为。它是长时间反复实践养成的，它是自觉、自律的，用不着本人"故意费什么心"，也不需要他人提醒和纪律约束，达到"习以为常、自然而然"的地步。美国 NBA 篮球巨星迈克尔·乔丹，连续七年每天坚持练习五百次基本动作，这种习惯使他成为空中飞人。

教育就是培养好习惯。好习惯的养成是健康的人格之根，是成功的人生之基。叶圣陶先生 1983 年在《读书和受教育》一文中，已深刻地指出："必须得把某些精要的东西化为自身的血肉，养成永久的习惯，终身以之，永远实践，这才对于做人真有用处。"教育就是要教学生能终生受用的内容，包括知识、方法与习惯。课堂是教育教学的主阵地。解放学生下的课堂应注重学生终生受用习惯的培养。

叶圣陶先生在《如果我当教师》中谈道："养成小朋友的好习惯，我将从最细微、最切近的事物人手。譬如门窗的开关，我要教他们轻轻的，'砰'的一声固然要不得，足以扰动人家心思的'咿呀'声也不宜发出；直到他们随时随地开关门窗总是轻轻的，才认为一种好习惯养成了。"

教师帮助学生养成良好的习惯应该从课堂抓起，从小事人手。由浅入深、循序渐进，一言一语、一举一动、一点一滴注入学生的心灵。这方面有的老师做得非常好，有的指导学生将课桌蒙上一个布套或白纸，以养成爱护公物的好习惯；有的指导学生养成把课本与物品安排得井井有条的好习惯；有的培养学生积极发言参与讨论并注重倾听的好习惯；有的培养学生课前预习的好习惯；有的培养学生认真听课的好习惯……学生行为习惯的养成教育也是我们教师工作的重点，我们应将它贯穿于学校教育、课堂教学的始终。

学生阶段，注重培养的好习惯应包括课前预习习惯、复习习惯、倾听习惯、独立思考习惯、制定计划习惯，等等。这里重点介绍以下几种习惯：

（1） 主动学习的习惯

新课程下的教学要求学生主动学习。主动学习，是指把学习当做一种发自内心的、反映个体需要的学习，是针对被动学习而言的。

主动学习的习惯，本质上是让学生视学习为自己的迫切需要和愿望，坚持不懈地进行自主学习、自我评价、自我监督，必要的时候进行适当的调节，使自己的学习效率更高、效果更好。

具体地说，培养主动学习的习惯，首先要让学生把学习当成自己的事情。这主要体现在处理好关于学习的每个细节，尽量不需要别人的提醒，进行自我管理。

其次，培养学生学习有如饥似渴的需要，有随时随地只要一有时间就要用来学习的劲头。一个人如果养成了主动学习的习惯，他就永远不会抱怨时间不够用，因为随时随地，只要有空闲，他首先想到的事情总会是学习。这样就能把零散的时间都利用起来。只有形成了对学习如饥似渴的需要，才能主动去寻找和发现自己感兴趣的学习资源。

第三，告诉学生多数人的学习不会一帆风顺，遇到困难能够坚持下去，是主动学习的重要内容。具备主动学习的习惯，要以饱满的热情，强烈的求知欲，全身心地投入到学习活动中去，最终取得良好的学习效果。

（2）科学制订计划的习惯

计划，是行动的先导；行动，是计划的途径。无视行动的计划是空泛的，缺乏计划的行动是盲目的。学习过程中，我们要杜绝学生"不预"的行为，学会制订一份科学合理的学习计划，指导我们向目标迈进。

①根据目标制订学习计划

我们应该时刻提醒学生：制订计划是为了实现目标。如果计划偏离了目标的轨道，那就形同虚设，甚至事与愿违。着眼于目标的计划才会最利于行动。

学习目标可分为短期目标、中期目标和长期目标。相应地，学习计划，也可分为长期计划与短期计划。

②学习计划也要具有灵活性

关于制订学习计划，常常有学生这样说，"订了也白订，到时候总坚持不下来。""计划赶不上变化。本来计划得好好的，突然来个什么事就全泡汤了……"

告诉学生，制订学习计划，必须要考虑以下几方面内容：从实际出发，实事求是制订计划；计划内容应该丰富多彩；一份学习计划，如果只有长期计划，却没有短期计划，目标是很难达到的。长期计划是明确学习目标和进行大致安排；而短期计划则是具体的行动计划。所以，两者缺一不可。前苏联著名诗人普希金曾说："要完全控制一天的时间，因为脑力劳动是离不开秩序的。"针对自身特点，做出切合实际的安排，以清楚地知道在一天、一周内要做什么事情，使自己有条不紊地学习。不要与老师的教学进度相脱节。

（3）自主预习的习惯

作为教师，我们一定要让学生明白："凡事预则立，不预则废。"这句话的意思是：做任何一件事如果事前准备，往往就能够成功，而没有准备则常常会失败。学习也是如此。课前不做好准备，要想提高课堂听课的质量是根本不可能的。预习不是可有可无的一件事，它对于保证课堂效率，提高学习能力起着不可低估的作用。

预习是学习的前奏，即在学习之前展开对所要学习内容的自觉、积极、主动地学习，为下面的学习打好基础。预习的好坏直接影响到课堂上学习质量。因此，我们要重视课前的自主预习，帮助学生养成良好的学习习惯。

学习也要讲究技巧，主要有以下几点：根据要求预习；有选择性地预习；合理安排好预习时间；根据学科特点预习。

（4）上课记笔记的习惯

学习知识的过程是一个综合性的过程，要求眼、耳、口、心、手全体参与。只有这样，才能真正地把要学的知识学到手，变成自己的东西。研究表明，对于同一段学习材料，做笔记比不做笔记的成绩要提高两倍。建议学生这样记笔记：

①给每一门课程准备一个单独的笔记本，而且最好是活页笔记本，以便于日后整理时使用。

②在笔记本每页的右侧画一竖线，留出 1/3 或 1/4 的空白，用于课后拾遗补缺，或写上自己的心得体会。左侧的大半页纸做课堂笔记。

③为了使笔记显得条理清晰，可以使用一些醒目的符号。

④为了提高记笔记的速度，可以适当简化某些字和词，最好是建立一套适合自己的书写符号。

⑤不要总是惦记着漏掉的笔记内容，影响听记后面的内容。可

以在笔记本上留出一定的空白，课后求助于同学或老师，把遗漏的笔记尽快补上。

⑥课后要及时检查笔记。

由于上课时同时要兼顾听课、做笔记、思考问题等，时间显得有点紧张。因此，学生在课堂上做的笔记都比较杂乱，不太方便课后复习使用。学会整理、加工课堂笔记是很有必要的。其方法与程序分为以下六个步骤来进行：

第一步：回忆。课后应该尽快抓紧时间，趁热打铁，对照书本、笔记，及时回忆有关的课堂内容。这是整理笔记的重要前提。

第二步：补全。这就需要我们在回忆的基础上，及时补全笔记，使笔记丰富、完整。

第三步：修改。仔细阅读课堂笔记，对错字、病句及其他不够确切的地方进行修改。其中，特别要注意重点、难点的有关内容的修改，使笔记准确。

第四步：舍弃。果断舍弃那些无关紧要的笔记内容，使笔记看起来简洁明了，一目了然。

第五步：编码。首先应对笔记本标出页码，然后用统一的序号，对笔记内容进行提纲式的、逻辑性的排列，梳理好笔记的先后顺序。

第六步：抄录。把整理的笔记进行分类录，可以用卡片分别抄录，也可以用别的笔记本进行抄录。

经过这样六个步骤整理出来的课堂笔记才能真正成为清晰、有条理、好用的参考材料。

（5）倾听的习惯

课堂是学生学习最主要的场所，听课质量的好坏直接决定了学习效率的高低。良好的听课习惯是学习知识、发展能力的主要渠道。在课堂上，我们经常会碰到学生"两耳只闻窗外事，一心只顾自己思"。这就是没有认真倾听带来的后果。倾听包括两方面的意思：一是要认真听老师上课，抓住新的知识点，建立新旧知识的联系。二是要认真地听其他同学的发言，对他人的观点、回答能做出评价和必要的补充。

倾听不但有益学生学习，而且也是对其他学生，对老师的尊重。上课时，教师应时刻注意学生的学习状态，经常性地提问有效问题，尽量让每一个学生在每节课上都有回答问题的机会，这样既可以有效地防止学生上课走神，也可以让学生有更多的语言练习的机会。平时还要经常利用一切机会因势利导地和学生进行如何提高学习效率的讨论，引导学生从思想上认识到听课的重要性，逐步地养成良好的听课习惯。

（6）独立思考的习惯

当教师在提问、阅卷或批改作业的过程中，经常会发现学生的答案千奇百怪，什么都有，远远超出我们的设想。这在某种程度上来说，是件好事，至少说明这个孩子是自己思考的。赞可夫有句名言："教会学生思考，对学生来说，是一生中最有价值的本钱。"朱熹曾言："问渠哪得清如许？为有源头活水来。"思考正是这股活动的清泉。只有不断思考，我们的思考才不会像一潭死水，掀不起一丝的波澜。

早在两千多年前，古希腊哲人赫拉克利特就说过："博学并不能使人智慧。"书读的越多，如果不加以思考，那反而是一种负担。真正能够让智慧开出花朵的是独立思考。春秋时代的孔子、古希腊的大哲学家析拉图都是对后世影响深远的大思想家，其主要原因就在于他们善于独立思考。

独立思考，是让愚者变做智者的终南捷经国。真正独立思考的人，他们从不盲从，从不迷信，他们凭借的是自己的观察，自己的思考。培养学生独立能力，让学生养成独立思考的习惯是非常必要的。

①树立独立思考的意识

树立独立思考的意识是非常重要的。独立思考就是凡事先主动自己思考，自己解答。不迷信课本，不迷信权威。引导学生在学习上不能被动地让老师牵着鼻子走，要敢于独立思考，由死记硬背，生吞活剥的背诵，变成自己要学习，自己要解决问题，理解掌握，举一反三。主动培养自己独立思考的能力，逐步养成独立思考的习惯。引导学生认识到：碰到难题时，首先想到的不是老师或同学，而是自己。勇敢地去解决难题，培养的不仅是独立思考的能力，同时也增强了自己的信心和勇气。

②创造独立思考的机会

光有了独立思考的意识，没有机会也不能大显身手。因此，教师要引导学生积极创造机会。让学生多问几个为什么，对老师讲的有不同意见，和专家的看法有不同之处，和书上讲的有出入时，要大胆地追问下去。在日常生活中，从电视上，报纸杂志上看到信息后，也要积极地做出思考。

③奠定独立思考的基础

思考不是胡思乱想，没有一定的科学文化知识做基础，就盲目地做出猜想，大胆地怀疑专家，那是不可取的。那时候已经不是独立思考，而是狂妄无知了。人们的独立思考是在充分继承前人知识文化遗产的基础上，经过一番分析、综合、比较、才做出的。如果只是凭空做出臆断，继续一意孤行，不认真扎实地读书学习，那就不免要贻笑大方了。

学生的首要任务还是要勤奋学习。学习的实质也就是要真正理解消化课本和老师所讲的知识。在学习的过程中，逐渐养成独立思考的习惯，为将来的研究和学习打下坚实的基础。

教育、教学中，培养学生的良好习惯，不单单是为了教师，更重要的是为了学生的人生、学生的未来，是为了让学生具备终生受用的基础。良好的习惯有助于学生更好地主导自己的生命，让老师和家长更好地放手，让学生的生命焕发出独立、解放、自由发展的光泽。

第二章　构建育人环境和氛围

有一句话说到：如果是品德最坏的人，那么也就是最危险的人。我们现在提倡素质教育，一方面要教授学生的知识，另一方面要教会学生如何做人。如何塑造一个有修养的人？在教学过程应该注意德育。我作为一名班主任，是本班各科任之间的纽带，是对学生进行德育的责任人，学生思想品德的好坏与自己有很大的关联。所以，我给自己设立思想行为准则：

（1）牢固树立"育人先做人，正人先正己"的意识，要求别人做到，自己坚决要做到。（2）牢固树立"学校无小事，事事都育人；教师无小节，处处作表率"的意识，以教书育人为本职，作学生表率。（3）牢固树立"安守清贫，不损师德"的意识，发扬教师高风亮节、"红烛"精神，廉洁从教，维护自身"爱岗敬业、淡泊名利、无私奉献、执着追求、探索创新"的美好形象。（4）牢固树立"以德育人"意识。（5）牢固树立服务意识，忧患意识，竞争意识，增强使命感、紧迫感和危机感。（6）牢固树立"主人翁"意识，以校为家，以教为业。（7）积极调整心态，正确对待当前人事制度、工资制度改革，明确自身的"责、权、义"，正确处理奉献与索取、集体与个人、名利和道义之间的关系。

教师要树立服务意识

传统的观念导致了师生关系的完全不平等，教师一直处在俯视学生的位置，完全没有意识到外界影响对学生心灵世界构建所造成的后果：有很多老师，戴着有色眼镜，不尊重学生，对学生进行人身攻击与侮辱，实行体罚，这些会在精神上对学生造成不可磨灭的阴影；有的老师缺乏对学生心理和生理的了解，不能因材施教，不能平等对待每一名学生，不能为学生创造良好的学习氛围，师生关系不和谐，等等，使学生失去了刚进学校时的好奇心和学习热情。

当前，中小学教师又经历着一场涉及面广、影响深远、意义重大的基础教育课程改革。可以肯定地说，要真正有效地落实素质教育，就必须进行课程改革；而离开了课程的具体实施者——广大教师的努力，再好的课程改革也无济于事。因此，改革课程，还学生主体地位，促进学生的全面发展，落实素质教育，这一系列工作的前提就是教师思想意识与观念的转变和更新。那么，如何落实这一关键性的问题呢？我想，首先要改变教师单纯地以自我为中心，缺少服务意识的弊病。

应该说，任何人所从事的职业都是具有服务性的。政府服务的对象是全体公民，那么，政府就应了解公民的需求，为公民解决实际困难，只有所有的公民体会到政府是真心实意为自己服务的，才会拥护和支持政府的决策；医院服务的对象是病人，了解病人的病情，并为病人解决痛苦就是其责任，只有病人能在医生的悉心治疗下恢复健康，才会放心到医院治病；客运服务的对象是旅客，了解旅客在乘车时的需求，为旅客解决乘车时遇到的困难就是其工作，只有旅客在坐车时感到舒适，才会愿意坐你的车……学校呢？应该也是一种服务行业，服务的对象就是全体学生。

从本质上而言，教师的工作并不是所谓的"人类灵魂工程师"，这个职业的存在实际上是为了完成一种服务，服务于社会、家长与学生，或者更直接地说，是国家和家长出钱，教师为其服务的一种活动。人们只是在教师的工作过程中看到了其情感上的付出与贡献，才会觉出教师这个团体的高尚，倘若教师们倚仗着这个光荣高尚的头衔，却没有意识到这个工作的本质，必将导致严重的后果。轻则是名誉上的代价，重则影响的是一个孩子、一群孩子的一生。有时一个人才的造就，就在一个教师的一念之间。所以，作为一个服务于人民的教师，首先要摆正自己的位置，掂量一下自己举手投足之间，对孩子造成的举足轻重、潜移默化的影响，掂量一下自己肩膀上的担子有多少斤。有位教师说得好："做别的工作你也许面对的是冰冷的机器，但是要记住，你从事了教师的职业，你面对的永远是有感情的人。"

我们有了服务意识，就不会把学生家长当作臣仆一样呼来喝去，因为我们的衣食是他们提供的；有了服务意识，我们就不会看重优生歧视差生，因为我们的服务对象是全体学生；有了服务意识，就不会只要分数而不顾其他，因为我们的服务目标是学生的全面发展；有了服务意识，我们就会更自觉自愿地研究更好的教育方法、教学手段，更顺畅地完成教学任务……总之，有了服务意识，我们才会以一颗平常心对待我们的工作，以高度的责任感做好我们的工作。

能提供优质服务的教师，就是称职的教师、优秀的教师，就能得到学生的拥戴、家长的支持。有没有服务意识，是区别一个教师能否完成好本职工作的显著标志之一。

教师要做到"一碗水端平"

教育最忌讳不公平。"一碗水端平"，这个道理说起来容易，但做起来很难。在教育实践中，优生和差生不能平等享受老师对待的现象比比皆是：优生，因其成绩好，老师就偏爱，学习上开"小灶"，耐心辅导，勤于指点，真可谓尽职尽责；优生，因其表现好，老师就偏听偏信，多行方便，即使犯了错误，老师也尽量原谅，以至庇护。而差生呢？因其成绩差，老师就认为是"朽木不可雕""天生的大笨蛋""不可救药"，上课从不提问，课后更不过问，即使他们提出问题，老师也是草率回答，应付了事；差生，因其表现差，老师动辄讽刺挖苦，以至举起体罚和变相体罚的"大棒"，即使微小的过失也纠缠不放，甚至小题大做，大造舆论，致使学生在学校无法"立足"，只好游荡社会，甚至走上犯罪道路。

做不到"一碗水端不平"，其结果，往往造成老师与学生，学生与学生间的严重对立。优生优越感十足，骄傲自满，故步自封；差生则严重自卑，不求上进，自暴自弃，甚至破罐破摔。

子曰："仁者爱人。"教师应该是"仁者"，也必须是"仁者"。对学生一视同仁，是指教师要尊重每一位学生，关注每一位学生的全面、和谐的发展。在实施素质教育、推进课程改革的今天，虽然强调师生关系的民主、平等，但在学生的心目中，教师依然是权威，是管理者，所以教师对学生施以"仁"，不但可以增进师生的感情，还可以激发学生的学习兴趣，提高教育教学质量。

怎样才算是对学生一视同仁呢？上一样的课，看一样的课本，做一样的练习，考一样的试，排一样的名次，叫不叫一视同仁？一样的循循善诱，一样的笑脸相迎，一样的"授之以渔"，叫不叫一视同仁？不叫。学生闻道有先后，能力有高低，体质有强弱，兴趣有差异，如果追求绝对的"一样"，而忽视了个性的不同，用一把死的尺子衡量那些有血有肉、神采飞扬的学生个体，必然导致相当一部分学生达不到老师的要求，从而产生种种问题。所以这并非是一视同仁的真正内涵。

真正的一视同仁是一种教育理念。余文森教授强调："人是教育教学的出发点和归宿，一切教育教学活动都必须以人为中心。"学生年轻幼稚，生活经验不足，生理、心理都十分脆弱，但他们都是活生生的人，他们需要老师的尊重，渴望老师的关爱、激励。当"学困生"遭遇学习困难时，老师不要歧视、奚落，应及时予以辅导，相信他也能理解、掌握知识；当顽皮的学生违反纪律时，老师不要粗暴斥责，要严肃教育，晓之以理，帮助他改正错误；当有学生遭受挫折时，老师不要冷漠，要用热情去温暖学生的心，去细心呵护学生。不论是贫困生，还是家境阔绰的学生，不论是"学困生"，还是成绩优异的尖子生，不论是班干部，还是普通学生，都要以"生"为本，用无私的师爱甘露去滋润他们幼小的心灵，使所有的学生真正"亲其师，信其道"。如果教育教学工作中，倘若不以"生"为本，而是以"物""名""利""权"为本，目中无"人"、无"生"，如何对学生一视同仁？

一视同仁不是教学的方法，更不是大面积提高教学质量的技术性手段。在一视同仁理念的指导下，我们的教学应该是因材施教、区别对待，根据每个学生的个性特长、能力强弱施行不同的教育措施，追求人人有发展、时时有发展、处处有发展，让不同学生都能获得进步。

不过需要声明的是，万万不能歪曲这种"区别对待"。那些按成绩编快慢班、按成绩排座位、按成绩给脸色、按成绩断言学生前途，等等，会距离一视同仁越来越远。

教师千万不要忽视学生

教育失效的一个重要原因是忽视。

过去常说，"心中有案，目中无人"，指的是教师在课堂教学中对学生的视而不见。由此延伸开来，在教师的教育行为中，处处存在着忽视学生本身特性的问题，由于对教育对象研究不够，关注不够，了解不够，从而导致教育效果低劣。

新课程标准中，使用频率较高的词汇中就有"关注"：课程功能由更多地关注知识技能，转变为关注学生的整体发展，使教学过程成为学生主动参与的过程，在掌握知识技能的同时，培养学生的情感、态度与价值观。

没有关注，就谈不到关爱；没有关注，就不能因材施教、对症下药。关注是一种态度，也是一种方法。关注来自责任心，来自科学与求实的工作态度。高度负责的教师，笃信"只有准确把握变化中的对象，才能施行有效教育"的理念，就一定会下大力气去观察、了解、分析、研究学生，也一定会在这种准确把握的基础上设计并实施自己的教学行为，因为这是科学精神的本质要求。

要强调悉心体察，认真从事，要全身心地了解情况，体会学生心理，然后，战战兢兢、如临深渊、如履薄冰地做事，十分认真、十分审慎地做好每一个设计、每一个操作并及时收集反应，作出调整。想想看，如果教师们都这样尽心尽力地了解学生情况，认真地做好各项相关工作，并能及时发现意外变化，调整工作布置，那么会有什么困难不能克服？什么学生不能教育好呢？

要观察学生的情绪。青少年学生由于受内外原因的影响，如被人欺侮、自惭形秽、自负、受不公正待遇、受不合理的限制和谴责、遇到挫折与失败、家庭缺乏温暖等，都可能造成其负面情绪，影响其身心健康。教师应密切关注并有针对性地调适学生负面情绪的纷扰，根除其消极影响，耐心帮助学生分清自尊心与虚荣心、自卑与骄傲、羡慕与妒忌等不同心理品质的是非界限。要留心观察学生的情绪变化，体谅、关心他们，指导他们在合适的环境下把情绪发泄出来。此外，对学生不要胡乱猜忌、鄙夷歧视，不要损伤他们的自尊心和人格。如果那样做，容易使学生产生对立情绪。要善于发现和把握他们心灵中闪光的东西，善于点燃他们自尊心和集体荣誉感的火种，这对他们克服自卑心理、虚荣心理、利己主义情感等都有重要的影响。学生的表现有时只是一个细节，但是这些细节背后蕴藏着他们最原始、最真实的想法，如果老师能够关注到学生这些细节表现，了解他们的想法，然后根据这些情况随机地改变自己的教学行为，就有可能收到意想不到的效果。

要接纳学生的意见。作为个体的学生，他们采集信息的途径极为广泛，他们的知识储备、经验世界、思维方式各有不同，对事物的认识也是千差万别、各具特性的。一个老师如果能够向学生学习，他也.会受益匪浅。我们有的教师不允许"异端"的存在，常常扼杀学生的创造性见解，而这与关注学生、提携学生是完全背道而驰的。要允许个性思想的存在，而不应该是"五十颗脑袋长在教师一个脖子上"。对学生的意见，教师要时刻本着欣赏和客观评价的态度来接纳。当然，教师在接受学生新颖的见解时，不妨让他们说出自己得出结论的过程，这样有利于教师真正了解学生，了解他们的思维方式和不同个性。

利用学生的错误。著名特级教师于永正有一句话值得我们深思。他说："课堂上学生犯错误不要紧，只要不犯同样的错误。"允许学生犯错误，给学生一个重新认识、思考的过程，在教学中非常重要。在课堂教学中，对于学生的错误，有的教师大发雷霆，有的则挖苦讽刺，损伤学生的自尊心，使其心灵受到伤害，这是非常不可取的。课堂上针对犯错误的学生，不是进行批评、体罚，而是帮助学生找出犯错误的原因，从而找到解决错误的正确方法与答案，这才是对学生真正的帮助。

说到教师对学生最大的惩罚，莫过于对学生的淡漠、忽略、置之不理，视而不见，显然，这样做已经违背了教师这个职业的基本道德准则。

教师也曾经是学生

曾经在许多教育报刊和教育网站上看到这样一封特别的信，把它抄录下来，或许能给我们以启迪。亲爱的老师：

知道今年您要教我，我好高兴。在这一年的开始，我想向您吐露我的心声，让您了解我的需要。希望这一年内，我能好好接受您的教导，同时也让我从内心钦佩您、敬爱您。

1. 老师，我希望您是一个有感情的人，而不是一架教书的机器。

2. 老师，请您不仅仅教书，还要教我们怎样做学生。

3. 老师，请您把我当一个人看待，而不仅仅是您记分簿上的一个号码。

4. 老师，请您不要单看我的成绩，更要看我所作的努力。

5. 老师，请您经常给我一点鼓励，不要让您的要求，超过了我的能力。

6. 老师，不要勉强我把求学当作人生的最大乐趣；至少对于我，学习不一定是乐趣。

7. 老师，不要期待我最喜欢您教的课；至少，别的课可能更加有趣。

8. 老师，请辅助我学会自己思考、自己判断，而不仅仅是背诵答案。

9. 老师，请您耐心地听听我所提出的问题。只有您肯听我的意见，我才能向您学习去听别人的意见。

10. 老师，只要您能保证公正，就请您对我尽量严格。即使我表面上反对严格，但是我知道我依然需要您的严格要求。

11. 老师，假如我有所失败，尤其在大众面前，不要可怜我，可怜会使我自卑。

12、老师，在教室内，不要把另一位同学当作我的表率，我可能因此而恨他，也恨您。

13. 老师，我若有所成就，也不要把我当作别人的榜样，因为那样会使我难堪。

14. 老师，请您记得，您也曾经是学生。您是否有时也会忘记带东西，在班上您是否样样第一？

15. 老师，请您也别忘记，大学统考您是怎么考取的，您所念的专业是不是您的第一志愿？

16. 老师，您也需要学，您不学，我怎能从您那里学到更新的东西？

17. 老师，我心存感激，但您不要期待我口头上常说：老师，谢谢您。

最后，老师，您一定希望我学业进步，让我也祝您教学成功，您的成功将是我进步的保证，我的进步也将是您成功的证据。

敬爱您的学生朱秉欣

苏霍姆林斯基在《帕夫雷什中学》中写道："一个好教师意味着什么？意味着他热爱孩子、了解孩子，不会忘记自己也曾经是个孩子。"读起朱秉欣同学的这篇《老师，您听我说》，仿佛也回到了学生时代。那时候，我们也和他一样，对老师充满了期待，希望老师对学生充满爱心，宽容大度，公平公正，博学多才。但是，当我们站上了神圣的讲台，却"好了伤疤忘了痛"，忘却了自己当初的梦想，而重蹈老师的覆辙，依旧重复着昨天的"故事"。

"亲其师方能信其道"，教育心理学研究表明，很多时候学生是先喜欢教师，再喜欢教师所提供的教育，因此师生关系的质量直接影响着学生的学业成绩和行为。在学生眼里，老师不管有多高的水平，如果你不能走近他们，那么，学生仍然不认为你是一位优秀的教师。

"别忘了，我们也曾是学生。"这虽是一句普通的话语，但却意义深远。它实际上是让我们教师学会换位思考，特别是在学生犯了错误的时候。

常言道："人非圣贤，孰能无过。"更何况是各方面还不成熟的学生呢？所以当学生犯了错误的时候，我们首先想一想：如果我是这位学生，我希望老师怎样对我。站在学生的角度，设身处地地为学生想一想，然后再去处理问题。只有这样，我们才不至于打着"为学生好"的旗号，实际却在无情地伤害学生。

不过要做到这一点，也并非易事，它需要教师有良好的修养和宽广的胸怀。尊重和宽容是赢得学生爱的砝码。有一个学生这样对她的班主任老师说："衷心地感谢您，您从来不批评打击任何一个成绩不好的学生，每当同学成绩不好的时候，您都说是自己没有教好，请我们原谅。班里的同学就因为您对我们这样，所以学习不好都觉得对不起您，从而每个同学都很努力学习。"多么宽容善良的老师呀！多么懂事的学生呀！在我们老师的眼里，应该把每个学生都当作天使一样呵护。

把学生当作天使，教师便生活在天堂里；把学生当作魔鬼，教师便生活在地狱里。请把我们的学生，不管是优秀的，还是暂时不太优秀的，都培植在爱的土壤里，呼吸着民主、平等的空气，再以尊重和赏识来灌溉，那么，和谐的师生关系一定会在校园里尽情地绽放！这样，我们的学生才可以多一些轻松和快乐，我们教师才可以无愧于教育。

"我们也曾经是学生"还包含另一层含义：当我们面对学生进行教育活动时，要积极回想自己做学生时的得与失，现身说法，把那些成功的经验和失败的教训展示给学生。榜样的力量是无穷的，这也包括在获取知识的方法和经验上。

懂得宽容能创造奇迹

总是难以忘记这样一个凄凉而美丽的故事：

1991年11月1日，一名刚刚获得美国爱荷华大学博士的中国留学生卢刚，开枪射杀了3位教授、一位副校长和一位同样是来自北京的学生。副校长安·柯莱瑞女士的兄弟发表了一封给卢刚家长的信件："我们刚刚经历了突发的剧痛，我们在她一生中最辉煌的时候失去了她。我们深以姐姐为荣……，当我们在悲伤和回忆中相聚在一起的时候，也想起了你们一家人，并为你们祈祷。因为这个周末你们肯定是十分悲痛和震惊的。安·柯莱瑞生前相信爱和宽容。我们一起祈祷彼此相爱。在这痛苦时刻，安－柯莱瑞也希望大家的心充满同情、宽容和爱……"

你能从这段特别的文字中领悟到宽容的伟大力量吗？宽容可以化解人与人之间的仇恨，宽容可以消除人与人之间的障碍，宽容可以构建和谐、温暖的氛围。人类社会的进步和发展，离不开彼此之间的相互宽容和理解。

原谅别人的过错是一种美德，也是一个优秀教师必须具备的心理品质。作为一名教师，应该凭借自己的宽容，走近学生，走进学生的内心，变成学生心目中可亲可近、可以推心置腹的人，这样才能顺利达到教育学生的目的。

没有宽容会怎样呢？缺少宽容态度的教师，总会拿着放大镜去寻找学生的缺点，总是看不到学生的成绩和进步，即使意识到了学生的成绩和进步，也马上会要求学生要虚心不要骄傲，甚至会找出一大堆的问题。一旦有"把柄"落在手中，则会揪住不放……

难道教师对待学生的缺点和错误，真的该嫉恶如仇、穷追猛打，不到"体无完肤"誓不罢休吗？其实，人都难免会有缺点和错误，毛主席他老人家不是说过吗，"一个人一辈子不犯错误是不可能的"，更何况是未成年的学生呢？人就是在无数次的错误中积累经验才不断成长的，这就是所谓的"失败是成功之母"。所以，学生犯了错误没必要总是上纲上线，危言耸听。当然，严格而不严厉，宽容而不纵容，全凭教师根据学生的实际来把握教育艺术的"度"。

我们认为，尊重学生的人格是教育的前提。尊重学生的独立人格不仅包括他的优点和长处，也包括他的缺点和短处。有些教师因为恨铁不成钢，缺乏宽容的气度，没有认识到学生的人格价值和品质，就难以和差生沟通，从而无法取得较好的教育效果。苏霍姆林斯基说过："赞扬差生极其微小的进步，比嘲笑其显著的劣迹更文明。"事实上，只要对差生多一些宽容和赏识，多用发展的眼光看待他们，帮助其分析症因，提出应对策略，就能使他们的潜力得到开发，而这种潜力一旦被挖掘出来，迸发出来的力量就是惊人的，甚至一点不比优生差。我们常说，"严师出高徒"。这里的"严"并不排斥教师对学生的宽容和理解，"严师"应该是严格而不严厉的。

还要充分认识学生某一时期的成长特征，让青少年保持该年龄段的天性。老合先生主张维护儿童天真活泼的天性，不可强求，更不可处处约束。教师对学生的评价要有宽容的态度，不是处处以纪律和规章制度去约束他们，而是用理解和宽容来认可学生的少年天J丨生，再引导和培养发展他们的个性。在对待学生的问题上，"大禹治水"或许能给我们以启迪：一味地"堵"是不能奏效的，只有找到合理的疏导方案，让洪水按照我们的指挥流进大海，才是最有效的方法。

当然，教师对学生的宽容也绝不等同于教师对学生缺点或错误的一味纵容，对学生的宽容并不是教师对待学生时显示出软弱无能，而是对学生的一种理解，是对学生能够克服困难、改正错误、提高学业成绩的信任。

教师的宽容不仅仅是针对学生，还涉及对待教师同伴，对待学校领导，对待学生家长。有一句格言叫"退一步海阔天空"，在处理很多问题时，这应该是我们的一个行动策略。

宽容的教师，往往是自信的教师，是具有亲和力的教师。有人说宽容是对人类的爱和信心，是睿智，是勇敢，是漫漫冬夜里飘然而至的春风。就让我们在教育生涯中春风荡漾吧，或许这样，才能享受到春天的温暖与灿烂。

把学生的心留下来

客观地说，学生来到学校学习并不完全是自觉自愿的，这是社会发展的需要，是国家建设的需要，是带有法律强迫丨生的。学校教育要在强制性的基础上有点吸引力，把学生的心吸引到学校上，而不是让他们迫于压力、被逼无奈才留在学校，"身在曹营心在汉"，人在心不在。

在我们当前的学校教育中，我们的教师给学生提供了哪些留在学校的理由呢？可以说，很少。相反，倒是我们的许多做法，在给学生提供"远离学校""远离读书"的理由。比如，从一入学，就让沉重的书包将学生瘦小的身躯压弯，让没完没了、毫无创意的作业完全挤占了他们游戏和玩耍的时间；比如，把学生当作"笨蛋"，毫不吝啬地将批评、斥责甚至体罚倾泻给学生，让他们在"挫折教育"中艰难地前行；比如，把学生当作毫无个性的产品，而不是当作一个人来看待，不允许他们"越雷池半步"，不允许他们有自己的思想和意见，要他们做彻底的乖孩子……诸如此类的做法，让学生逐渐厌学，把学习当成是人生的最大痛苦之事。在这种纯属强迫下所实施的教育行为，究竟能产生什么效果呢？答案不言而喻。

要把学生的心留在学校，就必须为学生提供留下来的理由。

或许是一位出色的老师吸引着学生。学生遇到出色的教师是人生的一种幸运。而这个教师应该具有特别的魅力、渊博的知识、优雅的风度、饱满的热情、积极的态度、科学的方法，等等，他（她）就像黑夜中的一盏明灯，指引着学生成长的道路。"亲其师，信其道"，因为喜欢自己的老师，所以学生愿意留在学校。

或许是丰富多彩的知识宝藏吸引着学生。要尽可能地让你教授的知识自身充满魅力，要立足于发现自己学科所具备的自然的"美"，并以合理的方式将这种"美"传递给学生。在神秘浩瀚的自然科学领域，在深邃且极富逻辑性的数学领域，在神采飞扬、浩如烟海的历史文化领域，学生领略到其中无穷的探索乐趣，自然会爱上学习。因此，要改变我们的授课方式，尽量追求形式多样，尽量满足学生的需要。

或许是团结向上的集体生活吸引着学生。班集体是学生共同学习、生活的地方，它具有巨大的教育力量。建设团结向上、富有活力的班集体，也是吸引学生的重要方式。在那些优秀的集体中，学生相互支持、相互鼓励、相互帮助，总是有着无穷的乐趣。反之，在那些没有形成集体观念的集体中，每个个体都缺乏上进的动力，形如散沙，学生厌学、辍学便不可避免了。

或许是教育的创新吸引着学生。不要以为教育的改革只是学校的事情、老师的事情，它也始终与学生的情感状态相关联。一成不变的东西总会令人生厌，所以，我们的课堂，我们的教学内容、教学方式就应该不断地发生变化，有所创新，从而使教育活动本身充满吸引力，紧紧抓住学生的心。

不妨在学生中做个测试，让学生尝试着找一下自己来学校的理由。或许我们能够从中找到调整的方向，从而让我们的教育行为更有针对性，更加深入学生的内心。

谨慎客观应对学生"逆反"

我们眼中的"问题学生"往往有较强的逆反心理。他们似乎是成心与老师作对，你要他往东他偏往西，你让他"打狗"他偏"抓鸡"，你让他站起来他偏坐着不动，一旦在课堂上顶起"牛"来，常弄得教师左右为难。课堂以外，他们也是绕着老师走，并喜欢给老师出难题，搞得教师十分头疼，觉得他们难以对付：既不准体罚，又不准停课，搞不好还要弄出寻死觅活的事情。应该说，在普及九年制义务教育的过程中，这类"双差生"已经同"逃学""辍学"一样，成为中小学教育的难题，成为许多中小学教师心中"解不开的疙瘩"。

其实，除了"问题学生"会出现逆反现象以外，相当多的中小学生也都会有一时性的或短周期的逆反表现，都会有针对特定对象或特定环境的逆反。一旦处理不当，就会导致教育失效或师生关系恶化，造成学生学习困难。

学生为什么会逆反？除了少数有某种心理缺陷或受家庭负面影响的学生可以另当别论以外，其他学生的逆反大多是一种基于自我保护的发泄，是一时性的情绪冲动，往往是没有计划、没有准备的，带有极大的偶然性。也就是说，当一位平时表现一般或良好的学生，由于受到了意外的批评，遭到了不公平的、不符合事实（至少是他本人认为不公平，不符合事实）的指责时，他们有时会本能地顶撞教师，会突然变得焦躁，变得固执或不听劝阻。这些，不过是他们心理失衡、恼怒而又不敢或不愿直接针对刺激去发泄，缺乏计划与准备的情绪性反应，所以常表现为不理智、不计后果，表现得行为夸张，反应过激。部分教师面临这种突如其来的学生逆反，往往由于心理准备不足，处理方案欠妥，而使简单的问题复杂化，造成教育的失误。

学生的逆反表现，表面上是针对教师个人，实际上是针对教师这一身份的，是对教师职业给其带来压力或伤害的一种抗拒。对这一点，教师要有清醒的认识。即使学生的表现可能是针对你这个"人"的，但教师也应该学会把自己与"教师"区别开来，避免教师个人与学生个人的对抗。因为，只有区别开个人态度与教师角色行为，引用学校要求或规定作依据、作陪衬，才能分散学生的注意，转移学生的不满，以弱化学生过激的反应。而许多师生之间怨结的冲突，往往是从课堂意外肇事开始的，其中的关键多是由于教师不够冷静，不善于分解与转化。在突发事件出现的时候，特别是事实尚未弄清时，教师切记不要冲动，说出不理智的话，诸如"所有人都不许上课""我再也不教你们了""不愿意学就滚回家"之类，这类的愤怒表现，最终导致的往往是教师自己下不来台。试想，不管事情的原因如何，你能够真正做到不再给学生上课，或者停所有学生的课吗？恐怕，这不是某个教师能够决定的行为吧。其实，没有任何一个学生真正愿意与教师对着干，但之所以出现这种情况，必然是自认为受了委屈。教师应该站位更高一些，在了解学生心理的基础上对症下药，切忌"火上浇油"，使学生的逆反升级。

学生的逆反表现，大都是非理性行为。要想把问题解决，不能只靠说理。大多数情况下，只要教师能够冷静处理，能给学生时间，在尽早判断出矛盾冲突的导火索并尽力消解的情况下，大多问题学生还是会离行解决的。在冲突过后，许多学生会后悔、懊丧，期望有转化的机会。这时，教师就应该得理饶人，淡然处之，做出宽容大度、毫不在意的表示，尽量消解萌发的矛盾。这样不但不会有损教师的尊严，反倒会提升教师在学生心目中的威信。相反，那些揪住学生的"小辫子"不放，非要在某些问题上较出个"真章"来的办法，只能使教师的形象受损。

逆反心理，是引发或加剧学生学习困难的重要因素。因此，科学认识、巧妙化解学生的逆反心理，是帮助学生克服学习障碍的重要方法。青春期的学生，正处于心理由不成熟向成熟的过渡期，情绪变幻无常，属于正常的现象，作为优秀的教师，必须深刻了解这一点。

学会冷静面对冲突

在教育教学过程中，难免发生学生顶撞老师的现象。如果处理不当，可能就会导致严重的后果。这种冲突的产生，无外乎以下几种情况：一是学生"吃软不吃硬"，这样的学生也被称作"顺毛驴"，这类学生一旦做错了事，教师如果声色俱厉地训斥，不讲方式当众批评，就会造成学生的逆反心理，跟老师对着干；二是单亲家庭子女，在家缺少父母的关心和爱护，在学校对教师的严格要求感到受不了，有时也会爆发为顶撞教师；三是认为教师处理事情有失公允，是老师故意和自己"找茬"，从而失了面子，伤了自尊，因此往往极为恼火，激起对教师的反感、抵触和不满，等等。

冲突的产生，都与教师的师德、个人的修养及工作方法有着直接的联系。对于那些"吃软不吃硬"的学生，教师应先退一步，进行"冷"处理。事情过后再坐下来心平气和地进行说服教育，切忌采取简单粗暴的批评做法。有的老师误认为，对那些不服软的学生一定要端起教师架子，也就是说给他们点颜色看看。其实，当学生与教师发生冲突时，只要我们教师遇事冷静，及时地控制住自己的情绪，注意表现出大将风度，表现出一名教师应有的修养，那么，顶撞这种现象是可以消除的。这样处理既表现了教师的高风亮节，同时也会使教师自己在学生心目中更有位置。有个学生在谈到与老师顶撞的心情时说："我知道自己错了，可看到老师板着脸，一副训人的架势，我就烦了。因此，就下决心与老师对着干。如果老师是一种心平气和的态度，我就没有勇气再顶下去了。"这就告诉我们，教师如果遇到这类学生，就应该耐心细致地做工作，想方设法找到他们的"闪光点"，创造条件使之扬"长"并获得成功。这也需要教师、家长因势利导，引导他们能体验到成功的欢乐，使他们确实感到老师是在真正地为他们做事，是真正地在关心他们、爱护他们、保护他们、尊重他们，而不是只落在嘴头的虚假关心。同时，这样做也显示了教师高尚的品质、情操和道德风尚。

教师动不动就发怒、指责、训斥、批评，甚至体罚，不仅使学生感到自尊心受伤害，也有损于教师的自我形象。比如，由于冲动，事情的原委尚未真正搞清就急于在班上集体训斥或当众点名批评，这很容易使学生与老师产生对立情绪。有时"急风暴雨"式的发怒、训斥，不但会有意无意地损伤学生人格，而且表现出了老师的无能，在学生心目中降低了威信；对于个别性格内向、感情脆弱的学生来说，打击会更大，甚至会产生难以想象的后果。对于那些厌学的学生来说，除了家庭的问题外，都是因为学习基础差，学习成绩跟不上造成的。所以，教师对这类学生要更加关心爱护，因材施教，对他们把标准放低一些，要求放宽一些。要根据学生的实际能力运用与其相适应的教学方法，千方百计地培养这类学生的学习兴趣，使他们也能感到成功的欢乐。而对此，教师更需要做的是出主意，想办法，而不是一味地指责或讲空而无味的大道理。

因此，教师在教育学生的过程中，关键是要有耐心，要切实体谅、爱护、尊重学生。不能伤学生的自尊心和人格，不能使学生误认为自己受到了不公正的待遇。要公正平等地对待学生，要用发展的眼光看待学生、对待学生。这样不但便于我们教师教书育人工作的顺利进行，而且也更有利于学生身心的健康发展。

总之，当我们遇到和学生冲突的状况时，请切记两个字：冷静！

批评是一门艺术

由于学校教育有一定的强迫性，所以学生不可能都是快乐的，教师也不可能不需要批评与惩处。有人提出"无错原则"，并不是说学生不会犯错，也不是说学生犯错不需批评、不需纠正，只是说学生犯错很正常，不必大惊小怪，也不要随意夸大，揪住不放。作为教师，肯定学生的成绩，指出学生的不足，纠正学生的错误，促使他们尽快走向成熟，既是职责所在，也是权力所系。

现在的学校教育似乎陷入了一个误区：学生批评不得，凡批评都会打击学生，甚至影响学生的身心健康。这种夸大其词的说法，让教师在面对学生的问题时"畏手畏脚"，不敢拿起合理的批评武器，不得已，只能手足无措，"缴械投降"。其实，儿童在进入学校以前，就已经经历过各种各样的批评与惩处了。任何一个家长，都不可能在只说好而不说"不许""不好"的条件下照看自己的孩子，所以凡是身心发育正常的儿童，都有一定的耐受力，不会因为两句批评就消沉下去。那种一味的表扬，甚至连缺点和错误也采取表扬的方式，未必会收到好的教育效果。

但是，学生正处在思想由不成熟逐步走向成熟的关键时刻，如何正确地进行批评，直接关系到个人、家庭乃至社会的前途和命运。从这种意义上讲，教师掌握好批评这门艺术尤为重要，绝对不能让批评成为加剧学生学习困难的重要诱因。合理批评包括以下几个要点：态度诚恳。批评学生，必须是真心实意帮助学生改正错误，而不能因自己的权威受到了触动，丢了面子，就把心中的怒气发泄到学生身上，进行挖苦、讽刺。虽是批评，但要让学生体会到爱心和关切，从而真正敞开心扉与教师进行交流。

实事求是。教师批评学生，评价要客观，对其缺点和错误，既不能夸大，也不能缩小，不但要明确指出错在什么地方，还要帮助学生找出改进方法，使学生在教师指导下改正自己的错误。尤其忌讳戴着"有色眼镜"看人，对待平时表现差的学生，吹毛求疵，鸡蛋里挑骨头，让学生感受到不公正的待遇，这样只能导致教育效果彻底为零。

尊重学生。人都是有自尊的，相对来说，学生的自尊或虚荣心更强。当我们当众发现学生某种错误的言行和举动，或者由学生举报，经过自己详细了解证实某学生确有错误的时候，不宜在班会或公开的场合对其进行批评，这样会伤害他们的自尊，会令他们感到难堪，以致自惭形秽，甚者还会导致学生从此一蹶不振，消沉下去。

有的放矢。批评学生方式、方法的选择，要根据具体环境和学生的个性特点、情绪状态及承受能力而定。如必须当场提出批评的，应及时批评；事态不严重的，可以事后提醒；学生已认识到个人的错误，且处于自责状态的，应用委婉的语气批评或事后批评；学生自认有理，且处于抵触情绪强烈时，可"冷"处理，避开正面的严厉批评。批评学生还要考虑其个性特点，因人而异。如对于有惰性、依赖1生的学生，宜措词尖锐，语调激烈，但绝不能讽刺挖苦、肆意辱骂；对于自尊心较强的学生，则宜逐步传达出批评信息，使对方逐步适应，逐步接受，这种方式不至于一下子谈崩；对于盲目性大、自我觉悟性差，但易于感化的学生，宜借助他人的经验教训，运用对比的方式烘托出批评的内容，使被批评者感受到客观上的某种压力，促其自我反省；对于脾气暴躁、性格倔强、容易激动的学生，宜以商讨的方式，平心静气地使其在一种友好的气氛中自然接受批评意见；对于善于思考、性格内向、各方面比较成熟的学生，宜将批评的信息以提问的方式传递给他们，学生自然就会意识到自己的错误，并加以注意。批评有针对性，收效才会大。如果老师在台上大讲特讲，但讲得大，讲得空，就会让一般学生摸不着头脑，犯错误的学生对此也不怕，还是我行我素。这是实施批评教育最忌讳的。

留有余地。在批评教育时，力求点到即止，留有余地，给学生一个自我批评、自我教育的机会。这样，学生既易于接受，又对老师的宽容产生一种负疚感，从而有利于不断鞭策自己，尽量少犯或不犯错误。如果班主任对学生的错误唠唠叨叨，喋喋不休，否定或者贬低学生自我认识、自我批评的积极性，那么学生就会产生一种逆反心理，结果事与愿违，大大削弱教育的效果。从学生的心理承受出发，恰当地运用留有余地的批评方法，会收到意想不到的效果。

含蓄委婉。"一把钥匙开一把锁"，犯有错误的学生，自尊心表现得更为复杂，自卑、敏感、脆弱，甚至会产生"破罐子破摔"的想法。而实际上，在他们的内心深处，仍有上进的要求，仍渴望得到老师和同学的理解和帮助。对这些学生，在批评时既要讲原则，不迁就其错误的思想行为，又要讲感情，尊重他们的自尊心。美国著名的管理学家亚科卡说过："表扬可以印成文件，而批评打个电话就行了。"这就是说，含蓄而不张扬的批评有时比那种"电闪雷鸣"式的批评效果更好。

我国著名心理学家、教育家林崇德教授认为："表扬是爱，批评也同样饱含着对学生的爱。"不论采取何种方式的批评，目的只有一个：促进学生修正错误，增强上进心。如果达不到这个目的，甚至适得其反，我们就必须对批评的方式做出调整。

不要一味地培养"乖孩子"

《龟兔赛跑》的故事广为流传。用心良苦的家长们对着活蹦乱跳的孩子讲述了一遍又一遍。这则寓言故事的寓意可谓尽人皆知了。乌龟的形象也在这里得到了彻底的发扬光大。

但是，总会有好奇的孩子疑惑地问："兔子怎么会输呢？即便是输了，就没有第二次比赛了吗？"

深刻分析起来，"龟兔赛跑"不正是我们传统教育文化的一个折射吗？人们对龟兔截然不同的态度，显然是受中庸思想的局限，把循规蹈矩、亦步亦趋推崇为美德。你看乌龟自始至终，乖巧听话、目不斜视地爬呀爬——多符合师长们心目中好学生的标准啊！特别是这种勤奋刻苦、一丝不苟的精神实在是难能可贵、千金难买！哪像小兔子，自作聪明，自以为是，东张西望，不老老实实，居然在考试中还敢打瞌睡，是可忍孰不可忍啊！

所以，即使你才华出众，但调皮捣蛋，也只好挨批受辱了。谁让你不遵循规矩呢？就是你有再大的本事，就冲这一条，对不起，你也得被打入"差生"的行列。可现代教育研究表明，天才的显著特征之一就是调皮好动、我行我素，还经常有出乎常规的言行。冰心老人指出，女孩子好动是灵巧，男孩子好动是聪明。可我们的教育却无法容忍学生的好动与偶尔的出格，完全拘泥于我们划定的圈子，才是真正的"好"学生。擅越雷池者必遭口诛笔伐，看看，乌龟名震天下而兔子则臭名远扬，就是再自然不过的结果了。

由此展开来思考我们的教育，竟然发现了一个令人吃惊的问题：我们所进行的教育，不正是这样一种"顺民教育"吗？学生中规中矩，唯唯诺诺，不敢越雷池半步，倘稍有"出格"，便会遭遇厉声斥责，甚至是"迎头一棒"。

在这种思想的影响下，学生没有了灵性，没有了创造，在课堂上，只唯师，只唯书，不敢有独立见解，不敢有针锋相对的辩驳，"所有的脑袋长在教师一个人的脖子上"，平静而祥和地接受着教师的"阳光雨露"。

在这种思想的影响下，学生被培养成"乖乖宝"，只会顺从、服从，甚至盲从，不能独立，毫无主见。这种教育的结果只能培养两种人：一种是奴才，就是对的话也听，不对的话也听，好的话也听，坏的话也听，人云亦云，没有独立人格；一种是两面派，有人在时听话，没人在时就不听话，说的是一套，想的是另一套，两面三刀，阳奉阴违，成为"双面人"。

在这种思想的影响下，学生毫无个性所言，而教师"一刀切""一锅煮"的方法，培养出来的都是整齐划一、石雕泥塑的"人才"，仿佛流水线上出来的产品，规格、性能、外形毫无两样。"因材施教"完全成为一句空话。

在这种思想的影响下，师生关系无法实现平等、和谐，教师永远高高在上，可以随便不把学生当人，无视学生的主体地位，更无视学生的尊严、思想、情感，而把学生当作没有生命的"物"。李镇西先生曾这样论述："学生是机器——装道德的机器，装知识的机器。这种教育下培养的学生，多是温良恭敬的'谦谦君子'，而少有善于独立思考勇于创新的开拓者。在这样的教育背景下，教师眼中的学生是学习机器，是考试机器，是成绩分数单，是录取通知书，唯独不是'人'！"

《龟兔赛跑》的故事终于从语文教科书中淡出了。但愿我们的教师也能明白，我们的教育绝对不能一味地培养听话的"乖孩子"，否则，那就不只是教育的悲哀，也是我们这个民族的悲哀了！

"亲密有间"的师生关系

年轻教师参加工作往往都经历过一个痛苦的过程。他们心怀教育的梦想，崇尚民主和谐，渴望管理好班级，管理好学生。但时间一长，却发现自己陷入了难题：教师与学生"打成一片"，特别随和，没有一点儿架子，学生可以随便摸摸他（她）的头，拍拍他（她）的肩，甚至与之称兄道弟，结果班级秩序混乱，教师的控制力减弱，教育效果大幅度下滑……

难道是健康和谐的师生关系这一理想出了问题吗？于是，很多教师开始反其道而行之，再没有了微笑，再没有了宽容，整天板着脸，一脸严肃，冷若冰霜。矫枉过正，转眼间成了最传统的老师。

这里涉及到一个教师与学生的距离问题。有人提出，教师应与学生亲密无间，要"零距离"接触。乍看似乎有道理，但仔细想想，又有了问题。这些提法的出发点是好的，但却是违背教育规律的，在实践中根本行不通。师生之间的"零距离"接触必然将师生引进人际交往的"怪圈"，最终会导致教师威信丧失，出现学生与教师毫无界限的现象，而学生仿佛变成了"二皮脸"，对教师不尊重，太随意，致使教育的效果变得低下。

教师就是教师，他的职责就是"传道、授业、解惑"；学生就是学生，他的任务就是学会学习，学会生活，学会做人，提高智力，发展能力。身份的差别注定了二者之间不可能完全成为"零距离"。

距离产生美是美学的一个著名命题，心理学研究也表明，人与人总是处在一定的时空距离的位置关系上，这种时空距离关系在特定的环境中传递着不同的心理感受，人们在友好时接近，在对立和关系疏远时保持一段距离，这样，彼此之间才会有好的印象，才能产生美感。长相厮守、亲密无间反倒容易引发摩擦和矛盾，甚至厌恶、仇恨。夫妻关系如此，同志关系如此，师生关系同样如此。因此，师生交往不能忽略一个"度"，建立亲密和谐的师生关系的确非常重要，但必须记住，亲密并非无间，美好需要距离。

在学生心目中，教师必须有威信，而那些没有威信的老师确实也是不可能获得教育成功的。师生亲密过度或关系过疏，都会有损教师威信的形成，甚至导致教师威信丧失。师生之间建立民主、平等、合作的关系固然重要，这可以增加学生对教师的信任感，从而在教师的正确引导下学习、生活，越发愉悦、轻松，但有意识地与学生保持适度的距离，更有利于满足师生各自的心理安全需要，更有利于维护教师的魅力和尊严。俄国文学家赫尔岑说："人们在一起生活太密切，彼此间太亲近，看得太仔细、太露骨，就会不知不觉地、一瓣一瓣地摘掉那些用诗意簇拥着个性所组成的花环上所有的花朵。"因此，教师要用"心"去无私地爱学生，但不等于教师把自己百分之百透明地暴露给学生。学生信任教师，尊敬教师，而又摸不透教师，在他们的心目中，教师神圣、伟大，而又神秘，岂不是更好？

当然，保持适当的距离，决不是设置心灵上的屏障或戒备防线，而是教育教学调控的需要。师生亲密相处，无可厚非，但必须有"度"，教师既不能离学生太远，太远了难以取得心灵沟通；又不能离学生太近，太近了又会产生角色混淆。所以教师要做到亲密随和但不失原则，可亲可敬又要可畏，切不可与学生"零距离"打成一片。一旦师生之间的神秘感没有了，教师的威信就会随之消失。其直接的结果就是，教师说的话学生可以随意不听，教师的管理学生可以随意不服从，教育教学调控也就会失去威力，只能导致教育教学的失败。

师生之间"亲密有间"，并不是提倡人为地在师生之间划定一道鸿沟，使学生"望沟兴叹"，而是教师要从教育者的角度因人、因事、因时进行策略上的调整，必要时，可进行角色转变，在保持威信、尊严的前提下，努力营造和谐、宽松的师生关系。

家长并不是"出气筒"

有这么一个故事：一个学生负责了一项社会调查工作，由于他干得很出色，受到了教师的赞赏，于是教师决定把他作为一个典型在学校进行表彰，并邀请他的家长到学校来，但学生的父亲不知道为什么没有来。第二天，学生的父亲打电话来，很抱歉地说："对不起，昨天有点急事，实在去不了，但您放心，我已经揍过他了。"

也许你会把它当作一个啼笑皆非的笑话来看，但作为教育工作者，看到这个故事，总觉得有点儿苦涩的味道在里面，总觉得应该引起我们的深思。

　　教育是一项系统工程。学校教育和家庭教育相辅相成，两者在教育学生成才的目标上是一致的。家长把孩子送到学校来是希望学校把他们培养成有用之才。"望子成龙""望女成凤"是每个家长的心愿，而教师是学校教育最直接的组织者、实施者，在思想上、学习上、生活上积极地教育和引导学生。家庭教育是学校教育的基础，学校教育是家庭教育的补充。但由于教育过程的复杂性、学生个性的差异性、教育方法和手段的多样性，使得教师与家长在教育上难免产生分歧和矛盾。而部分教师在处理与家长的关系时也存在着误区，主要表现为：学生成绩不好，一味地责怪家长，拿家长当"出气筒"，甚至劈头盖脸地进行"再教育"，造成家长与教师的直接对立；不能主动与学生家长沟通联系，很少进行家访；少数教师把自己凌驾于家长之上，甚至当着其他教师的面任意训斥、指责来访的学生家长，让家长下不来台，等等。这些现象比比皆是，结果造成了教师与家长的沟通不畅，甚至对立情绪严重。

　　像故事中讲到的那个家长，对到学校见老师感到害怕、难堪的情形并不少见。这都是源于一种思维定式：学校请家长，一定是学生犯了错误；老师请家长，家长难免会挨批。自然，家长接到教师的"邀请"后便会惶惶不安了。

　　教师和学生家长既然在教育学生成才的目标上是一致的，那么，两者就不存在领导与被领导者、教育与被教育者的关系。但有些老师恨铁不成钢，学生一出毛病，就把家长"请"到学校，发顿怨气，批评一通，使家长有难言之隐，极大地挫伤了家长的自尊心，从而达不到预期的教育学生的目的。有些家长"屡请不到"便是最好的证明。因此，在研究学生问题时，教师要意识到每位家长都希望有个引以为荣的子女，都那么要强、爱面子，老师绝不能越位地训斥家长，居高临下地说：我要你怎么做，你应该怎么做。更不能把学生的过错强加在家长身上，把对学生的气撒在家长的身上。应该放下老师的架子，心平气和地用商量、征询的口气，向家长解释，主动协调，共同探寻解决问题的途径，共同处理好学生问题。

家长与孩子朝夕相处，对自己孩子的性格特点、兴趣爱好了如指掌，能较真实全面地反映学生在家里的情况，这对教师全面了解学生，进而管理好班集体有很大的帮助。许多家长也非常重视孩子受教育的状况，对孩子的班主任、科任老师的调配以及他们的教育教学水平等，总想有个深入的了解。通过观察孩子的表现，相应地对学校教育做出一些评价。由于现在孩子大多是独生子，家长在对老师提出意见和建议时，难免有点偏袒，而这时老师要有较强的判别能力，冷静分析是非；在心理上。对家长的意见（有时甚至是尖锐的批评）要有宽广的胸怀，摒弃自己是"专业教育者""我懂你不懂"的一些想法，耐心地倾听家长的意见和建议，同时感谢他们对学校工作的支持。只有这样，以情动人，才能取得家长的信任，达到同家长互相交流、找到最佳教育方法的目的。

教师与家长密切联系，不能只局限于学生出了问题的时候。学生有了进步，或取得了某些成绩，也是非常好的教育时机，这时候，把家长请来，会给家长和学生带来更大的信心和上进心。千万不能单纯地把家长当作"出气筒"，当作推卸自身工作失误责任的借口，否则，我们的工作将不可避免地陷入窘境。

第三章　这样教育学生最有效

俗话说：百年大计，教育为本；而教育之计，教师为本。所以说教师的职业是天底下最光辉的事业。也有人说，教师是天底下最苦的职业，也是最神圣的职业，人们给予教师的评价是这么的高。如今，从维护党，国家和人民的高度，以促进教育全面协调发展为出发点，我离"优秀"还远着呢！细想以前自己嫌烦怕苦，不禁脸红。现在一想到在这个平凡的岗位，自己用双手抚育了一批又一批小精灵，内心是愉悦的。天天与他们接触，心也是年轻的，是纯真的，即使是最顽皮的学生，他们的可塑性仍是很大的，只要从爱护他们的角度去教育他们，他们都会变成很有出息的人的。师德师风教育学习使我受益匪浅，选择教师职业我无怨无悔。

不要单单做教书匠

要做教育家，而不做教书匠。

凡称之为"匠"者，则僵化有余而灵性不足。教育家和教书匠一个最大的区别，就是教育家坚持追求卓越和创新。很多家长为孩子挑教师、挑班级，总喜欢挑那些年纪大一点的富有经验的教师。

其实，这样往往是错误的，因为教育家是不分年龄大小的。一个教师教学水平的高低不在于他教了多少年书，而在于他用心教了多少年书。有的人教过一年，却机械地重复了一辈子；有的人，实实在在地教上三五年，始终在思索，在调整，在改进。这样的人，与一个教了一年却重复了一辈子的人相比，成就显然不同。

教育家首先应该投入全身心的力量去爱学生、爱教育。只有爱才能赢得爱，你爱教育事业，教育事业也才会爱你，你才能获得事业上的乐趣。你爱学生，学生也才会爱你，也才会让你在和他们的交往中忘记了外面的世界，忘记了生活的琐碎和烦恼。我们有不少教师，缺少爱心，不是教书育人，而是担任"教育警察"；不是肯定成绩，而是发现缺点。不客气地说，很多教师扮演的就是一个"刽子手"的角色。在我们教师的手上，不知道损失了多少诺贝尔奖获得者，也不知道失去多少鲁迅、郭沫若，失去多少爱迪生、牛顿。教育的重要前提就是爱心。只有在爱的基础上，教师才会投入他的全部力量，才会把他的青春、智慧，无怨无悔地献给孩子们，献给教育事业，也才会成长为出色的教育家。有的教师口 VI 声声说着"为了学生好"，却做着伤害学生心灵、阻碍学生发展的事，这是虚假的爱心，自然另当别论。

可能有人会说，做个教育家，天方夜谭吧？我这么个不起眼的普通老师，怎么会成为教育家呢？其实，很多问题看起来非常神秘，但做起来并不是很难。我们都在教育的第一线，在我们身边，每天都发生着许多值得深思的案例。如果你是个有心人，这一切都会成为我们的财富，并托举我们逐渐到达一定的高度。如果你不信，你可以从今天就开始写教育日记，认真总结教育的得与失。一件事情，今天成功了，是怎么做的？有什么体会？今天发生了一个矛盾，是怎么解决的？今天产生了一个挫折，又有什么样的感受？你把这些原封不动地记录下来，几年以后将那些最精彩的东西选编出来就是最精彩的书了。那些"火花"的东西，对读者会产生强烈的心灵震撼。我们很多成名的教育大腕，诸如魏书生、宁鸿彬、于漪、李镇西等，不都是这样做的吗？他们先前看似目的性不强的很多随笔，经过整理，便成了现在深刻揭示教育规律的著作了。

不过，这样做有一个前提，就是你必须拥有持之以恒、坚持不懈的精神，而不是"三分钟热度"。我见过身边许多年轻教师，听到了名家学者的讲座，马上得到激励，满腔激情地规划着自己的事业蓝图。但激动了一下，兴奋了一下，还没来得及实施，热情便消弭了。有些教师在平时工作中，种种独到的体会也会跃上心头，但因为懒惰，还没有付诸笔端，这些思想的火花就烟消云散了。作为中小学的教师，手头应该有一个厚厚的本子，随时记录下自己的所失和所得，记录下自己点点滴滴的教学思悟，时间长了，你就会发现自己在不断提升。

理想的教师，还应该是一个追求卓越、富有创新精神的教师，而不应该亦步亦趋、因循守旧、毫无灵性可言。他应该不断探索、不断创新，应该是一个教育上的有心人。一个人之所以能够成功，往往在很大程度上是因为他是个有心人。如果年复一年、日复一日地重复自己的工作，不思进取，不求变化，固定在自己的思维模式中不愿意挣脱，自然不会有什么成就可言。

勤于学习，充实自我，这也是成为一名优秀教师的基础。一个有理想的教师，一个想成为教育家的教师，必须从最基础做起，扎扎实实地多读一些书。不读《论语》，不读"陶行知"，不读"杜威"，不读"苏霍姆林斯基"，恐怕很难成为教育家。任何一个教育家都不可能离开前代人的教育财富。事实上，很多的教育家，只不过是把别人的财富应用到自己的教育实践中，提出很多理论上的共鸣而已。现在不少教师找不到感觉，找不着"北"，说得难听一点，在教育过程中像没头的苍蝇，没有思路，缺少想法，就是因为自己根基太浅。作为一个教师，需要各方面的知识，一个知识面不广的教师，很难真正给学生以人格上的感召力。孩子年龄越小，他对教师的期望就越高，他就越是把教师当作百科全书。在他们眼里，教师是无所不知的，如果教师一问三不知，他就会非常失望。所以教师应该完善自己的知识结构。过去说教师要有"一桶水"，现在又说教师应该有一个"永不枯竭的泉眼"，其实意思都一样，一个知识贫乏的人，永远不会在教育的行业上有所作为。

不要把教育家看得多么神秘，每个教师都可能做到，关键在于是否对教育充满了热情，是否能做一个有心人，是否执著，是否有恒心。也许我们一辈子都成不了教育家，但至少应该成为我们一个永恒的追求。

教师不要只做教材的"传声筒"

无疑，教材是教师们手头最重要的资料，长期以来，它成了教师走路的拐杖，离开教材，教师就会一片茫然，手足无措。于是，许多教师满足于做教材的"传声筒"——备课就是把教材中涉猎的东西原封不动地搬过来，而上课就是再将这些东西原封不动地搬给学生，不去注意研究学生的需求，不去深入探讨教材的体系与学生认知水平的差异，造成思维僵化，模式僵化，内容僵化。

须知，教师除了承担着教授知识的责任外，还担负着开发学生智力、塑造学生灵魂的重任，教学中应当按照自己的教育理念和教学目标，创造性地运用教材。

新课程倡导教师"用教材教"，而不是简单地"教教材"。教材编排的水平再高，其承载的信息也是有限的。这就要求教师在实际教学中应根据学生的认知规律和现有水平，在认真领会《课程标准》中对教材编写意图说明的同时，真正消化教材，既让教材为我所用，又不受教材的约束和限制，学会灵活、能动地运用教材。大胆改革教材中的不合理因素，根据学生的实际增删、调整教学内容，融入自己的科学精神和智慧，对教材知识进行教学重组和整合，对教学内容作综合化的拓展渗透。这样，才能从有限的教材中再生无限，于滞后的教材中开掘鲜活，在片面的教材中构架完整，设计出活生生的、丰富多彩的课堂，从而激发起学生自主学习的热情和意识。一个优秀的教师，应该比教科书的编者学的知识多得多。

创造性地使用教材要依据学生的情况而定。教学不仅仅是为了完成教材上的内容，更重要的是教育富有个性的活生生的人。我们面对的学生，各有各的特色，就是在同一个班，学生与学生之间也不一样。我国幅员辽阔，地域差距那么大，不可能编排出适应每一所学校、每一个学生的教材。哪一种教材最适用于学生，需要慎重考虑。就算是选到了最适用的教材，教学质量还要取决于教师对教

材的感受、理解、把握、创造、实施的质量和效果。了解是教育的
前提，创造性地使用教材，必须根据学生的认识水平、心理特征、
学习规律而定。有的教师认为新的教材比原来好教了，是因为教材
内容相对旧教材简单了许多。其实这是一种非常错误的认识。新课
程标准对学生的要求并没有降低，之所以给教材留下更多的"空
间"，目的在于给教师和学生提供创造性使用教材的机会。教师要
在教材的基础上，根据需要，透当补充和拓展内容，这样才是正确
使用教材的方法。由此可见，新教材不是简单了，反倒是复杂了，
这就对教师提出了更高的要求。

　　创造性地使用教材还要考虑实际的教学资源。多数教师在教学
中往往更关注的是硬件，如教学场所、实验器材、多媒体教学手
段、网络技术、图书、教具、学具，等等。凡是提到教学效果、教
学质量，总是先同别的学校进行硬件比较：人家学校有什么，我们
学校没有什么，所以……但他们常常忽视软件的重要性，如学校领
导忽视管理、忽视师资培训，教师忽视对理论的学习等。殊不知，
优越的硬件设备只有在先进的教育理论指导下，通过教师努力，才
会发挥出更大的效能。所以教师创造性地使用教材，一定要依据所
在学校的教学资源而定。在新一轮课改理论指导下，要力求用最朴
实的教学资源及手段去上最好的课，这才是依据教学资源灵活创造
使用教材的最好做法。一味追求教学硬件上档次，或因学校硬件设
备滞后而苦恼于教材的难教，都不是正确的态度。传统的挂图、教
具、学具等依然应充分而合理地使用。

　　教师自身的教学特长也可以决定对教材的创造使用。再好的教
科书，不好的教师来教也难以教好；不好的教科书，有好老师来教

一样能教好。搞好教学工作的关键取决于教师素质。不同的教师有不同的特长，有的擅长美术，有的擅长音乐，有的擅长朗读，有的擅长板书，有的擅长运用多媒体手段。充分发挥教师的特长，有利于教师用自身形象及人格魅力去感染学生，潜移默化地培养学生的综合素质，更有利于挖掘教材的内涵，为学生学习活动提供有效的服务。课改的变动性、多样性，要求教师是一个决策者，而不是一个执行者。而决策者的直接表现就是创造性地教学。有的语文老师上课，带学生到大自然中去体验生活，记录生活；有的英语老师打破教材局限，把学生感兴趣的一些内容，如体育明星、影视明星等编排成英语文章让学生来学习。这些都是一个教师创造性的体现，也是一个教师个性特长的体现。单纯地执行教材僵化的内容，也会使教师的个性被抹杀。

创造性地运用教材，包括变更教材体系，调整教材顺序，摒弃和添加某些内容，甚至自编教材。创新的最终着眼点是激活学生的思维，培养其创新能力。毕竟教材并非尽善尽美，许多内容及教材要求完全可以根据实际进行再创造。在实际教学中，应体现三个字：探、扩、引。

探——教材内容的编排往往是循环上升的，有的教师在使用教材时按部就班，不敢越雷池一步，其实，不要小看学生的能力，在很多地方，顺其自然地向深处走一点，常常会收到水到渠成的效果。

扩——教材内容的更新远远不能跟上时代发展的步伐，教师要善于对教材进行及时地弥补和更新，增添最新的资讯，作为对教材内容的扩展，既让学生感兴趣，又扩大学生的视野，可谓一举两得。

引——新课程强调开放，教师不能拘泥于死板的教材本身，要善于引导学生走出教材，到广阔的社会空间中实践和认证教材传递的信息，多组织学生开展一些诸如搜集、整理、专题研究等开放度较高的活动，也是对教材创造性使用的重要手段。

教学中的创新，哪怕是一点变革，都会在学生中引起更大范围的变革。作为"对话者"的教材，不是一个"确定权威"的守护者，而是一个可能性的创造者。它是教师和学生共同开发和创造的一个"蓝本"，只有跳出它的狭隘，不断批判，不断丰富，才能真正实现新课程的要求。

要识得庐山的真面目

诗曰："不识庐山真面目，只缘身在此山中。"它告诉我们一个深刻的哲理——由于人们所处的位置不同，看问题的出发点不同，对客观事物的认识难免就有一定的片面性。要认识事物的真相与全貌，必须超越狭小的范围，摆脱主观成见。

这可以引发我们对教育现状的思考。很多教师，一整天忙忙碌碌，备课、批改作业、辅导学生，忙得不可开交，不堪其苦，深陷于繁琐的事务而无力自拔。殊不知，在这种理所当然、周而复始地埋头苦干中，却失去了对教育问题的深刻参悟，失去了对教学方向思考的机会，直至教学已经走上了岔路却仍浑然不觉。而摆脱困境的方法，就是教学反思。

教学反思是指教师在教学实践中，批判地审视自我的主体行为表现及其行为依据，通过观察、回顾、诊断、自我监控等方式，或给予肯定、支持与强化，或给予否定、思索与修正，将教学与学习结合起来，从而努力提升教学实践的合理性，提高教学效能。

教学反思会促使教师形成自我反思的意识和自我监控的能力。新课程改革实验中要求学生要学会反思和总结。作为教学中的引导者、指路人，教师也应该学会做一位反思型老师，成为一名研究者。只有善于总结和反思，才能在自己的教学工作中更新教育观念，改变传统的教育教学方式，才能成为新课改的"领头羊"。

教学反思更多时候体现的方式是教师的个人奋斗，教学反恩具有别人不可替代的个性化特征。一个优秀教师的成长过程离不开不断的教学反思，"教然后知困"，通过反思会不断地发现困惑，不断地发现一个个"陌生的我""丑陋的我""残缺的我"，从而促使自身拜师求教，书海寻宝，可以说教师学会反思的过程也是人生不断辉煌的过程。

所谓的"教师专业成长"，就是教师在其整个教学生涯乃至生命过程中，不断地修养自我，反思自我，提高自我。学而不思则罔，教而不思则殆。如果我们能始终坚持每日反思，就会始终保持与最前沿最深刻的教育思想接轨，就能不断改革自己的教育实践，不断提升自我，超越自我，实现自我。

反思什么呢？

内容一，对教师自身教学情况的反思：教授的时间有多少？语言的提炼怎么样？体态语言是否丰富？在教室里是怎样走动的？微笑教学了吗？训斥学生了吗？课后感到愉快吗？

内容二，对学生学习状况的反思：听课的反应怎么样？合作的情况怎么样？目标达成率如何？有没有创新的观点？学生的人文素养得到了哪些提高？

内容三，对授课内容、方式、技能、技巧的反思：对教材有没有创造性的教学？关注现实生活的情况怎么样？与其他学科的融会贯通怎么样？教学设计的效果怎么样？

内容四，对课堂整体状况的反思：从学生那里学到了什么？什么时候感觉与学生最亲密？课堂中最精彩的片段是什么？课堂上感到最焦虑、不满是什么时候？如果重新上这一课将如何改进？

反思可以使我们拨开迷雾，看清"庐山真面目"，逐渐成熟起来，在反思中学会倾听，学会交流、合作，学会分享、体验工作的乐趣与交往的快慰。但教学反思也是一个艰苦的过程，需要不断反省，不断逼问，不断修正，这并不是一件轻而易举的事情，它深深触及到一个人的灵魂和品性。只有具备坚强意志和美好理想的人才有可能做到。

教师要学会"善变"

过去，学生评价语文课堂有一句话："语文教学像敲钟，天天敲，一个声。"其中将语文教学的无奈与不满暴露无遗。一成不变的事物最令人生厌，教师的教学也同样如此。

不"善变"的教师是懒惰的教师，是没有责任心的教师。任何改变都需要勇气，需要思考，需要下一番气力。而按照既定的套路来教学，完全不管学生发生了什么变化，不管教育环境发生了什么变化，甚至不管教材的要求发生了什么变化，自然就是没有责任心的直接表现。

不"善变"的教师是迟钝的教师，是没有灵性和智慧的教师。任何改变都需要聪明的头脑和敏锐的思维，有的教师不是不想变，而是不知道如何去变，离开原有的一套就不知所措，这就自然涉及到教育能力的问题了。

"变"里面包含着智慧，体现着艺术。干干巴巴的教学语言，老一套的教学组织形式，毫无新意的教学手段，连开场白、结束语、小组讨论等这些手段学生都耳熟能详，说明它们已缺乏足够的吸引力，就应该彻底摒弃。有一句歌词在学生中很流行，叫"给我新鲜"，这的确代表了学生的心声。教师亟待改头换面，面孔要生动起来，手段要"花样"起来，形式要灵活起来，内容要新颖起来，本着一种服务的思想，在"善变"中享受生命的乐趣。

教育的每一天都是新的，每一天的内涵与主题都不同，只有具有强烈的冲动、愿望、使命感、责任感，才能够提出问题，才会自找"麻烦"，自寻"烦恼"，也才能拥有极富创意与诗意的教育生活。真正的教育家永远会憧憬明天。停止"冲动"，教育就会终结；停止变化，教育之花就会凋零。

有的教师总说，"我很忙"。但这种"忙"不能是机械地重复，不能是照搬模仿，而应该是创造，是革新。回想一下，我们哪一年的工作是完全一样的？哪一次的教学活动是照搬抄袭的？又有哪一个班级、哪一个孩子是相同的？我们的工作内容充满了变化性，也就要求我们随时在工作中求新求变，机械地重复劳动会使人厌倦，而推陈出新的工作不仅能唤起我们的工作热情，而且更能在工作中不断提高我们的教学水平。

每个新学期的开始，我们是否想过，在我的教学中要尝试怎样的改变？每接一个新的班级，我们是否想过，我的带班理念和带班策略是否要做些调整？甚至到每一堂课的导入方式、提问手段，每一本作业的批改形式、批语内容，每一次测验的试卷样式、讲评方法，都要时时求变。要培养创造性的学生，首先应该有创造性的教师，时时刻刻寻求着变化，不仅会让我们的课堂、我们的生活鲜活起来，而且，也会紧紧地把学生团结在我们周围。

朱永新教授在《新教育之梦》一书中说："一个教师不在于他教了多少年书，而在于他用心教了多少年书。一些人，他教一年，然后重复五年十年乃至一辈子；有些人，实实在在地教了五年。一个实实在在教五年的人，与一个教了一年却重复了一辈子的，他们的成绩是不一样的。"这句话提醒我们，教育家和教书匠的区别是：教育家每天都是新的，每天都要思考，每天都是用心教书；而教书匠每天都是一样的，机械重复着教育的套路，不管外面的世界"风起云涌"，总是僵化地唱着"古老的歌谣"。

作为一个优秀的教师，每天都要扪心自问：今天，我"变化"了吗？

要抛弃无效行为

曾有人问过语文特级教师宁鸿彬一个问题："如何提高课堂的

教学效率？您的绝招是什么？"

宁鸿彬老师回答："我的绝招只有三个字——'反浪费'。"

这应该引发我们的警醒和思考：看看我们的课堂上，到底有多少行为没有价值？到底有多少语言属于废话？到底有多少时间学生是在无所事事中度过的？

提高教学的有效性，首先要做到的一点就是关注教学中的每个时间段，让每个时间段都在创造价值，效率自然就提高了。

不过说起来容易，做起来难。教学中养成的一些不良习惯和思维定式往往支配着教师，逼迫着教师，因此，要真正砍掉无效环节还需要下不少工夫。

那么，哪些是典型的无效表现呢？

"热度"高"深度"浅。课堂变活了，在一定程度上激发了学生的学习兴趣、学习热情和主动精神，但在"参与"和"活动"的背后，却透露出浮躁、盲从和形式化倾向，学生内在的思维和情感并没有真正被激活。"自主"变成了"自流"，课堂展现的是学生肤浅表层的，甚至是虚假的主体性，失去的却是教师有针对性的引导、点拨和有效帮助的重要职责；合作有形式却无实质，学生之间在缺乏问题意识和交流欲望的背景下，纯属应付交差式地进行讨论，缺乏平等的沟通和交流，缺乏深层的交流和碰撞；探究有形无实，学生只是机械地、按部就班地经历探究过程的程序和步骤，缺乏好奇心的驱使和思维的探险以及批判性的质疑，从而导致探究的形式化和机械化，变成没有内涵和精神的空壳。课堂虽然极度热闹、喧哗，类似于茶馆、集市，但极少让人怦然心动，究其原因，就是课堂缺少思维的力度和触及心灵深处的精神愉悦，肤浅得像一杯白开水，淡而无味。

"问题"多"思考"少。"满堂灌"改成了"满堂问"，整个课堂被教师提前设定的一长串问题贯穿。这本也无可厚非，但遗憾的是，教师得到答案的欲望太过急切，往往是问题提出来，根本不给学生思考的时间，就直接去寻求答案，结果很好的问题变得价值极低。提问的目的在于训练学生思维，学生经过自己的独立思考，并将思考的结果以语言的形式加以完整的表述，才能有益于学生对问题的深入理解，有益于启发学生的智力，培养学生的分析能力和解决问题的能力。对学生的回答，不能只满足于结果，更要善于让学生说出理由，这样，对于正确的答案能加深理解，而对于错误的，也能通过阐述理由的过程找到思维的偏差点，并对症下药，进行校正。否则，学生只达到学会知识的层面，而没有进一步发展成为"会学"，不能举一反三。

"布置"密"检查"疏。有的教师喜欢随机布置一些任务，诸如，下课把书读两遍，请把错误的题目整理好，把该背的问题背下来，等等。但说过去之后，教师自己也很快忘记了，这样有"布置"无"检查"的教学环节，只会让教学更为低效。

有效的教学必须突出以下几个关键词：

深刻。深刻意味着不是把教材看懂，而是看穿、看透，从而挖掘出教材的精髓内涵。教师把教材钻得深，悟出来的道理就透彻，这样讲起课来就简单，就能够讲在点子上。所以，优秀教师的课都有一个共同点：深入浅出。一个科学家曾说过这样一句话："科学的秘密就在于把复杂的东西演变成为若干简单的东西去做。"教师把课上得简单，实在是一种智慧、一种境界，它绝不是把教学简单化了，而是艺术化了、精良化了、高效化了。

独到。教师对教材要有真知灼见，要能够于平凡中见新奇，发人之所未发，见人之所未见。不囿于教材本身的"框子"，始终渗透着自己独到的见解，他的课就如同一首诗、一幅画、一段旋律、一项发明，是独一无二的创造，学生听这样的课就像是在独享一片风景。

广博。苏霍姆林斯基在《给教师的一百条建议》中说："教师所知道的东西，就应当比他在课堂上要讲的东西多十倍，以便能够应付自如地掌握教材，到了课堂上，能从大量的事实中选出最重要的来讲。"上下五千年，纵横八万里，教师都应该有所涉足，这样才有可能口含灵珠，游刃有余，讲起课来才能纵横捭阖，左右逢源，旁征博引，妙趣横生，从而给学生带来一路春风，使其如同进入一个辽阔、纯净甚至可以嗅到芬芳的知识王国，令学生流连忘返，全身心地陶醉。

灵活。求"活"，不是追求课堂表面的热闹、活动形式的花样翻新，而是追求学生脑力劳动的适度紧张，思维活跃，体验加深，更好地落实教学目标，提高效率。重实效，不是搞"死"，不能以丧失学生学习的主动性、创造性为代价，不能以压抑学生的愉快体验、积极思考为代价。只要我们的思维放得开，敢于自由、大胆地创造，敢于相信学生，善于鼓励学生，多一些激情，多一些灵动，学生就会和我们一起幸福愉快地学习。

教学的有效性是教学的生命，学习中学生学到了什么，得到了什么，是学生、家长，也是我们教师都必须追问和考虑的。围绕我们要达到的预期目的，设计好教学的整个流程，上课、作业、练习、测试，一线贯之，都为之服务，有效性就不会落空。

一定要学会随机应变

俄国教育家乌申斯基曾说："不论教育者怎样地研究教育学理论，如果他缺乏教育机智，他就不可能成为一个优秀的教育实践者。"课堂教学充满变化，事先再周密的设计，也免不了碰到许多新的"非预期性"的教学问题，教师若是对这些问题束手无策或处理不当，课堂教学就会陷入困境或僵局，甚至还会导致师生产生对抗情绪。

有一些教师由于缺乏经验，对于由学生引起的偶发事件，缺少沉着冷静、敏锐观察、灵活多变、机智处理的办法。个别教师对于偶发事件采取简单草率、主观武断的做法，甚至高举体罚和变相体罚的大棍，采取"一棒子打死"的方式予以解决。动辄训斥批评，讽刺挖苦，只求一时的痛快和临时表面上的解决问题，只图吐出恶气，宣泄怒气，这样不但使学生的身心健康成长受到了损害和影响，也使师生隋感产生了沟壑，更给正常的课堂教学秩序带来了不可估量的损失。

而富有教育智慧的教师则恰恰相反，面对偶然性问题和意外的情况时，他们总能灵感闪现，奇思妙策在瞬间激活，机动灵活地实泡临场应变。

教育机智就其实质而言乃是一种转化师生矛盾的艺术，是一种正确处理教与学矛盾的技巧，教师需要在短时间寻找、筛选，确定一种处理偶发事件的最佳教育方案，难度的确较大，但诚如"教学有法，教无定法"一样，偶发事件的处理是有一定规律和方法的，只是需要我们教师机智灵活地加以运用。

第一个要诀是冷静。当课堂上出现偶发事件，如果教师太急于解决，采取的教育方案往往会存在诸多问题，从而使结果差强人意。因此，教师要学会在课堂上对一些偶发事件给予暂时"冻结"，仍按照原教学计划进行教学活动，等到课后的其他时间再做处理。如某学生做完课间操回到教室，刚坐到自己的座位上，就发出"哎哟""哎哟"的痛苦叫声，原来是有人在班干部的坐垫下放上了图钉。在这种情况下，老师是寻找肇事者，还是照常上课？老师选择了后者。他让学生取出图钉，然后按计划开始上课。到了下午，他留下班干部讨论"图钉事件"的原因，让班干部意识到自己工作上的缺点，并召开了"凳子上的钉子从何而来"的主题班会，使肇事者深受感动和教育，主动承认了错误。

这种冷静的处理能使教师有比较宽余的时间考虑教育方案，同时，又不妨碍教学工作的正常进行。当然，这种冷静的处理不能久拖和悬而不办，否则容易形成教师的信任危机。

第二个要诀是宽容。宽容不是软弱无能，不是无原则的迁就，更不是对学生不良行为的默认、纵容和包庇。宽容要使学生能在心灵深处反省，使学生体会到教师的仁厚和用心良苦。例如，一位教师走上讲台，发现一张纸条："老师，你上语文课东扯葫芦西扯瓢，昂着头佩兴十足，聊劲威猛，中考与此沾边吗？成绩考差了，你又高昂着头，铁青着脸，像个活阎王，你知道'仰头老婆低头汉'的谚语吗？请你自爱！"落款是"你最讨厌的、等待你处罚的学生"。

这位老师没有马上查处字条的作者，而是在班上宣读了纸条的内容，并检讨了自己教学方法的不足和工作方法的简单粗暴，还感谢这位同学给自己敲了警钟。接着教师结合本节课的内容，给学生布置了作文《我们的班主任》，让学生写出真心话。学生对老师的民主、虚心、宽容感到由衷的钦佩，从而形成了和谐的师生关系。

第三个要诀是幽默。课堂上有些偶发事件让教师处于窘境，要查处不仅会拖延上课时间，还可能会伤害许多学生的感情，如果不予理睬又损害教师的威信，甚至让事情进一步发展。在这种情况下，教师可以采用幽默法，暂时让自己摆脱窘境。例如：一位教师走进教室时，刚刚推开虚掩着的教室门，忽然一只扫帚掉了下来，不偏不倚，正好掉在教师的讲义夹上，课堂一片哗然。面对学生的恶作剧，这位教师没有大发雷霆，而是轻轻捡起掉在地上的讲义夹和扫帚，自我解嘲地笑着说："看来我工作中的问题不少，连不会说话的扫帚也走上了门框，向我表示不满了。同学们，你们天天与我一起相处，对我有更多的了解，希望你们在课后给我提提意见，一起帮助我改进工作吧！"课堂在一阵窃窃私语之后，很快地安静下来了。这位教师面对损害自己的行为以幽默的话语带过，既显示了教师的诙谐大度，又让自己摆脱了尴尬境地，还为学生创设了自我教育的情境。试想，如果这位教师非得讨回尊严，大发雷霆或执意调查"罪魁祸首"，不仅一节课肯定会泡汤，而且，教师的形象也会大打折扣。

在课堂教学中，由学生引起的偶发事件占课堂偶发事件的绝大部分。对那些因品德不良的学生引起的偶发事件，教师必须在思想上高度重视，严肃地进行批评教育；对那些因调皮、捣乱、无知等引起的偶发事件则无需采取十分严厉的态度，不必扩大事态，上纲上线；对于那些因自身工作失误或外界干扰引起的偶发事件，要善于出奇制胜，超乎常规地加以解决。教师如果依赖自己的身份去压制学生，往往会使学生产生反感情绪和顶撞行为，不但不能平息事态，反而会激化师生矛盾。

不要做"救火队员"

有的教师从参加工作起，就没有带过班、当过班主任。我说，这样的老师永远不能被称为真正的优秀教师，即使他（她）曾在自己任教的学科上成绩斐然。

现代教育理念中，班主任工作指导思想的核心应该是"人本"。班主任不是警察，不是保姆，不是裁判，一切做法都要顺应学生独立意识的觉醒、自主意识的增强及民主参与意识的确立，让学生成为班级管理的主人。

某些教师在管理班级上被动、吃力，劲没少费，事没少做，但收效欠佳，甚至带出乱班、差班。究其原因，大多是由于这些教师没有掌握现代班级管理的理念，没有掌握必要的管理技巧，没有形成一套行之有效的管理模式；从而造成班级不能合理、正常地运转。我认为，成功的班级管理必须包含以下要素：制订班级目标。目标是前进的方向，也是前进的动力。在设立目标时，宜根据个人及班级具体情况设立"跳一跳，够得着"的可行性合理目标。这样的目标易于实现，而每一个小目标的实现都能使学生产生自信心，产生成就感，激发他们朝更高的目标奋进。对学生个体来说，设立个人目标的主要途径是进行自我教育。魏书生说："有自我教育能力的人善于扶植心灵真善美的思想，勤于清除假恶丑的东西，对外界的东西也有分析和筛选的能力。"班主任应引导学生形成正确的是非观、善恶观，帮助学生制订具体有效的自我教育计划，确定近期及中远期目标，并努力战胜自我，一步一个脚印、踏踏实实地走向成功的彼岸。大多数遭遇学业困难的学生都有这样一个通病：对未来没有想法，缺乏奋斗方向。这样的话，学生自然就不会对自己严格要求。班主任需要做的，首先就是要引导学生填补这个空白。

对班级来说，设立集体目标的主要途径是利用校内外的各项活动进行。如学校的各种考试、常规评比，学校的运动会，歌咏比赛，诗朗诵比赛，等等。班主任应利用好这些契机，与学生一起制订目标，然后一起向既定目标努力。这样的管理活动才有利于增强班级的凝聚力。

明确合理制度。没有规矩，不成方圆。一个集体要想生存、发展，必须有一个规范进行约束管理。魏书生在《班主任工作漫谈》中说得好："最低级的管理水平莫过于用人看着人。管理水平的提高应该体现在规章、制度、法律的科学性上。这些规章、制度、法律如果制定得科学，符合人们的心埋，那么，不用人盯着、看着、监视着，人们也能自觉遵守了。"实行制度化管理，目标具体，学生易于把握，便于操作，积极性高，管理起来活跃，效果好。制度的形成应该民主化，广泛征集学生的意见，一旦形成便要雷打不动，不可随意更改。运用制度最忌讳朝令夕改。如果对某项制度能否长期实施拿不准，最好还是不要急于出台，否则常常会因半途

"搁浅"而造成适得其反的效果。

培养优秀骨干。学生群体是复杂的，学生之间的差异也是显著的。班级管理中，要着力于骨干力量的培养，并以此来影响和带动其他人。首先要形成一个"以班主任为纲要，以班委会为骨干"的管理体系。通过培养优秀的学生干部，降低班主任管理的繁杂程度，使教师不必"事必躬亲"。换句话说，就是班级离开班主任还能正常运转。每个班干部都担负着一定的管理职责，他们会在不同的时间段、空间段发挥自己的管理作用。如在课外体育活动中，一些具有体育才干又有较强组织能力的学生就会处在管理者的地位；在班会活动中，一些表达能力强的学生又可处在管理者的位置；而诸如自习课、晨读课、课间、公开集会等，相应的学生骨干就能起到自觉组织和解决问题的作用。优秀的班集体都是能够离开老师的集体，那种靠"死盯"、靠"磨"的方式来管理，一旦离开教师，学生就无法无天的状况只能说明教育管理的失败。

当然，骨干学生不仅仅限于几个班干部，随着管理的深化，更多的学生具备了正义感、集体感，并在班级管理上发挥了自己的作用，良好的班风、学风，积极的班级舆论氛围自然就形成了。

建设班级文化。班级文化是一个班级的"魂"。一个有个性、有特点的集体具有强大的吸引力和向心力。因此，班主任要善于引导班级文化的建设和成型。充分利用墙报、手抄报、班会活动、课外活动、宿舍环境布置等形式，将一个班级的思想具体化。有的班级有班训，有班歌，有班徽，有班旗，等等，都反映出班级的特色，效果非常好。文化建设应涉及到班级管理的每个角落，连宿舍、食堂等细微之所也不应空缺。

班主任的工作千头万绪，但切忌成为"救火队员"。我们总能看到有的班主任疲于应付，"辛勤"地处理班级里出现的各种问题，劳累不已，苦不堪言，而又收效甚微。班主任的工作应该是一个创造 I 生的工作，班主任应该有一双敏锐的眼睛，一对灵敏的耳朵，一张勤快的嘴巴，尽早发现班级可能出现的问题，提前做工作，防微杜渐。如果等问题爆发了，再去"擦屁股""堵漏洞"，自然事倍功半。

把学生作为学习的主体

把学生作为学习的主体，这个问题还要再说吗？看到这个题目，肯定会有教师不屑一顾。

其实不然，从教育实践上看，这个问题远未彻底解决。

现代的基础教育是素质教育。学生为主体、教师为主导、训练为主线是素质教育课堂教学方面的三条重要原则。遵循这三条原则进行教学活动是教师在现代教学中的基本方式和方法。就现代社会发展和基础教育改革实践来看，这无疑是适应的。

从大趋势讲，素质教育就得这样看和做，问题是回到我们的小范围、小区域应怎样做。是否每一位任课教师都这样看、这样做了？答案非常遗憾。许多教师对放手让学生"学步"持怀疑态度，仍坚持于把手的"喂养"方式。这样的教师，肯定还是有些问题没想清楚，仍停顿在"私塾式"的教学阶段；即使"照葫芦画瓢"去勉强尝试，也不会太顺手，呈现出来的就是"伪主体"现象的流行。

之所以出现这样的现象，是因为我们有一部分教师仍然不明白，教育的功能是把自然人培养教育成社会人，教育过程中要体现人的特性，而不是某种被加工的什么产品。学习过程，是人主动地、不断地发展的过程。也可以说，教育活动是社会通过各种途径和方法把自然人培养成社会人的活动。这一活动的对象是人的身心，是尚未完成社会化的年轻一代人的身心。其本质是具有可教育性的，就是说，人本身具有可教育性，经过教育可以发挥巨大潜力，所以在学习过程中能控制和主宰自己的学习活动。从无知到有知，完成从自然人到社会人的转变，这就需要教师给予人性化的训练和启迪，明白是他们自己在学习，承认他们是学习的主体，在学习活动中，千方百计地让他们体现自己的主体地位，这才是一个优秀教师应该具备的认识，也是不可缺少的基本功。只有这样，才能启发学生自觉地改变和改造不符合自身发展的条件。当然，人和动物是有区别的，动物的活动都是本能的反应，而人是靠主观意志起支配作用。所以，把学生当作学习的主体，启发和引导他们主动地接收和获取知识，而不是把他们当作一台被灌输、被控制的机器，这才是教师今天面对教育对象应该持有的观点和进行教学活动的基点。

以学生为主体，就要调动一切手段，最大限度地发挥其能动性，这是教师在教学过程中，把学生真正当作学习主体的首要任务。要时时处处体现出教师的亲和力，时时处处进行引导和启发。也就是说，学生作为学习的主体，在教学活动中接受教育并非处在消极被动的地位，而是积极主动的。在实际教学活动中，科任教师所实施的各项教学措施，不能对学生进行简单地加工改造，而是要引导学生主动地、积极地利用自己原有的知识基础来获取新的知识，并能转化到自己的认知结构中，形成自己发展的个性行为，并把它作为再发展的又一个层次基础。作为初中阶段的学生，无论知识准备、认知能力，还是学习态度和学习动机，都不是从零开始的，他们在学习过程中会逐步意识到自己在学习中所处的地位和社会为之预定的某些目标，能够通过自己的努力来参与和推动教学活动，这是教学实践已经证明了的。如果我们教师认真回想一下自己的教学实践，也能完全证明以上所述的观点。是不是凡是把学生全部调动起来的时候，就是学生学习效果最好的时候？也就是他们考试取得最佳成绩的时候？

其实，我们自身的工作也是这样。主动陲强，积极性高，争着抢着去做某项工作的时候，自己肯定能把工作做好，即使有一些不足也并不是什么大问题。假定工作不顺心，但还被逼着非得去做，效果一定不会太好，出错也是比较明显的。这个道理完全可以移植到学生的学习上来。

因此，我们可以说，在学习过程中，必须把学生作为学习的主体，这是教育改革的根本性问题。如果偏离或不重视这个问题，就会给教学工作带来损失，就会使教学效果大打折扣。

激情让教师充满魅力

一成不变的面孔，不缓不急的声调，从上课到下课，四十五分钟都是一副严肃的表情；

　　面对学生精彩的发言，独特的妙想，创造性的思维火花，却岿然不动，仿佛永远置身事外；

　　学生有了成绩，没有发自内心的欣赏，甚至会泼上一瓢冷水："考了高分就翘尾巴了！"还美其名曰：防患于未然；

　　球场上，学生们为每一次进球、每一次进攻欢呼雀跃，而为了维护自己的威严形象，只是冷冷旁观，即使获得了胜利也只是象征性地笑笑，不肯张扬自己的个性……

　　这就是我们的教师，多的是麻木，少的是激情。

　　李镇西老师说得好，教育者应该是最有激情的人。是啊，只有热爱生活、情感丰富、有激情的老师，才会培养出活泼可爱、健康、感性、善良的学生。

　　想当年，梁启超为清华大学的学生上课时，讲到动情处，则手舞足蹈，情不自已，有时掩面，有时顿足，有时狂笑，有时叹息；讲到欢乐处，则大笑，声震屋瓦；讲到悲伤处，则失声痛哭。梁启超先生如此激情投入，听课者怎能不被感染？激情让教师魅力无穷！教师需要激情，一旦有了激情，学生也将情绪饱满，身心振奋，享受着学习的快乐；一旦有了激情，教学活动将变得生动形象，感性十足，从而渐入佳境，效果卓著。

　　相反，没有激情的课堂，如同一潭死水，任凭教师再华美的语言，再动听的语调，也不会打动学生的心灵，震撼学生的灵魂；没有激情的课堂，任凭教师用再先进的现代教学手段，也只是徒具华丽的外壳，苍白无力；没有激情的课堂，教师不再年轻，学生不再生动。

　　激情需要教师"豪情万丈"。走进教室，教师就应忘却生活中的烦恼，全身心地投入到自己的教学中，进入教学内容的情境或角色。语言抑扬顿挫，妙语连珠，引人人胜，加上丰富的肢体语言，如手势、面部表情、身体运动、积极态度、神态等，让学生得到一种享受。

激情需要教师"身怀绝技"。一个教师教学效果的好坏，不仅仅体现在传授知识上，更体现在学生被唤醒和被激励的程度上奋教师专业水平高、功底厚，对教材烂熟于心，运用教学方法得心应手，讲解时洒脱自如，效果自然会好，而且能赢得学生的赞叹与钦佩。"身怀绝技"，贵在创新，贵在特色。《孙子兵法》云："水困地而制流，兵因敌而制胜。故兵无常势，水无常形；能因敌而取胜者，谓之神。"因此，教师要依据教学内容的需要，对所运用的激情事例和素材加以改造和创新，引入新颖性的东西，使之富有新意和活力。只有"新"，才能吸引学生的注意力，才能激发学生的参与热情，才能营造师生的良性互动，让学生在美的意境中徜徉，在美的气氛中获得享受、升华和提高。教师要想有深厚的教学功底、高超的课堂驾驭能力、丰富的教学智慧，就必须边教，边研，边学，苦练内功。否则，要想征服学生，使教学受到学生的欢迎，就会是一句空话。

激情需要教师"满腹活水"。缺乏智慧就没有激情。智慧离不开博识，没有博识就没有智慧。苏联教育家赞可夫说得好："扩充教师的科学知识量，几乎成了提高学生知识质量和提高教师在学生中的威信的最重要的条件。"一个思维敏捷、激情奔放、知识广博的教师，一定会让学生惊叹不已、百般信服。"问渠哪得清如许，为有源头活水来。"要想激情满怀、洒脱自如地搞好教学，教师必须拓宽自己的知识面，在拥有扎实的专业知识基础上，还应猎取其他领域的知识。为此，教师最关键的是要做到勤读书，勤看报，勤写读书笔记，勤做资料卡片，勤反思领悟，勤内化知识。一个"勤"字，将引来源源不断的"知识活水"，这是保持教学激情的根本所在。

美国著名教授理查德·威伍的一篇演讲中有句极为精彩的话："想要教好的教师可能在大多数情况下都是志向高远和激情奔放的。伟大至少一部分出自天赋，这是无法传播的。然而，伟大的教师一定是有激情的教师。"

激情，是修养、素质、能力的积淀。它能唤醒沉睡的潜能，激活封存的记忆，开启幽闭的心智，放飞囚禁的情怀。让我们激情满怀，在教育的舞台上尽情演出！激情让教师风采无限，激情让教师魅力无穷！

借助幽默拆除隔阂

苏联著名教育家苏霍姆林斯基指出："如果教师缺乏幽默感，就会筑起一道师生互不理解的高墙。""如果你具有幽默感，那么，最紧张的，有时能引起长时间气愤的局面就可以得到缓和。孩子们之所以热爱和尊重快乐、不泄气、不悲观失望，是因为他们自己是快乐的、具有幽默感的人。"

堂堂课照本宣科，节节课味同嚼蜡，你能说这样的教师是如何热爱他的事业，如何精通自己的业务吗？而讲课生动活泼，能让学生在学习中感受愉悦的教师，如果他不热爱工作，不精通业务，不热爱学生，能做到这样吗？

学生上课时望着窗外走了神，教师打趣说："古人'两耳不闻窗外事，一心只读圣贤书'，可现在有人造反了，他是'白日依窗尽，学习泡汤流，老是坐不住，心在窗外游'，外面的世界很精彩，可外面的世界也很无奈呀！"同学们在笑声中课堂秩序正常了，精力集中了，兴趣提高了。如果动辄厉声斥责，横眉怒眼，怎会收到好的效果呢？

地理课上学习"丘陵和盆地"，学完后，地理老师说："这两个概念大家都理解了吧？你们看，我的脸上除了丘陵就是盆地。"他的话把学生逗乐了。原来，不知什么原因，地理老师脸上长满了密密麻麻、大大小小的红疙瘩，确实像丘陵和盆地。这样幽默风趣的语言，怎么可能不让学生对所学的知识终生难忘呢？

一次，生物学家格瓦列夫在讲课时，突然，一个学生在下面学鸡叫，课堂顿时一片哄笑。假如我们遇到这种情况，一些老师势必大发雷霆，狂揪罪魁祸首，一节课自然也就"报销"了。然而格瓦列夫却镇定自着地看看表，不紧不慢地说："我这只表误事了，没想到现在已是凌晨了，不过，请同学们记住我的话，公鸡报晓是低等动物的一种本能。"这一两句巧妙幽默的语言胜过了许多平淡无味的说教和批评。

钱梦龙老师讲《故乡》时有这么一段插曲：

教师：为了解决问题，我先检查一下大家通过自读课文，有些东西是不是理解了。同学们在回答的时候，尽可能不要看书。如果实在忘了，怎么办呢？

学生：（小声地）偷看一下！

教师：偷看一下？说得好啊！（师生大笑）别笑，偷看也是一种能力呀！（学生大笑）很快地在书上一眼扫过，马上就能找到自

己所要的那个词、那个句子，这不也是一种能力培养吗？不过，请注意，考试的时候，可不要培养这种能力啊！（学生大笑）

幽默是"润滑油"，通过它可以谐趣、曲折、温和地创造一种和谐友善的气氛，使师生交往变得融洽、自然。

一个人在一生的学习过程中会遇到许多老师，而那些具有幽默感的教师往往最受学生的欢迎。恰当的幽默会拉近师生的距离，解除尴尬的气氛，课堂中的幽默会让学生对所学知识加深记忆，让师生更好地进行情感交流。

解放前有位教授叫姚明晖，体弱清瘦，却总是宽袍大袖。冬天，他头戴大风兜，远远看去，只露着一副眼镜，一个尖尖的鼻子，一撮翘翘的山羊胡须，样子很滑稽。一天他去教室上课，不知谁在黑板上画了一只人面猫头鹰，而那人面却酷似这满腹经纶的教授。姚先生定睛细看后毫无怒色，拿起一支粉笔，一本正经地在漫画旁写道："此乃姚明晖教授之尊容也。"学生笑了，姚教授也笑了，而那提心吊胆的漫画作者从此也对姚先生产生了一种"高山仰止"的尊敬。姚先生在学生面前大度超脱，从容调侃，如果没有幽默的性格是做不出来的；姚先生正是凭借幽默，使课堂教学进入了一种"化境"。姚先生的这种教学幽默艺术对学生个性的影响也是深远入微的。

教师的幽默不是一般的插科打诨，也不是一般的俏语乖话。教师的幽默自有教师的风格，诙谐中有深意，情趣中有哲理。引而不发，导而不堵，适时适势，恰到火候。教师的幽默不是为了逗乐而逗乐，即使逗乐，这也只是"外壳"，"外壳"里面，不是虚无，而是极富思想内涵的"生命之力"的种子。

不要以为幽默只是一种技巧，它更是一种对生活和工作的态度；它不但表现出积极、乐观、活泼、宽容与机智的精神，而且具有一种耐人寻味的深刻。可以这样说，幽默感是从人的内心世界开放出来的、别人可以直接感受其芬芳的花朵。

教师要培养学生的独立意识

一个完整的人首先应该是一个自给自足的人。这里所说的"自给自足"，主要指的不是物质层面，而是精神层面，指一个人能够学会照顾自己，学会独立思考，最终达到情感上的自立。

现在有一部分学生，在学生这个大群体中过于依赖他人，干什么事都"随大流"，缺乏主动的思考，缺乏有意识的辨别，没有主见，盲目行动。写作业时等别人，听讲时看别人，做其他事时一味地模仿别人，特别容易受到他人的鼓动和诱导。这些都严重地阻碍了学生独立解决问题能力的培养，出现了一大批机械的、无主见的、缺乏活力和创造力的学生群体。教育的最终目的是培养能够适应社会生活，能够为社会发展作贡献的人才，而缺乏独立意识和独立能力的人，显然是与之不相吻合的。

优秀的教师总是善于引导学生，帮他们形成独立的生活习惯、学习习惯。注意，生活习惯是排在首位的。现在的大多数学生属于独生子女，家庭比较富裕，从小被娇生惯养，生活自理能力较差，养成了饭来张口、衣来伸手的不良习惯。我们要教育家长，对待孩子不能什么事都一包到底，该放手时就放手，要相信孩子能做好自己该做的事情。家长要有意识让孩子做一些力所能及的家务，如烧水、做饭、洗衣、收拾房间等，也可以让孩子自己去购买家庭日常用品，锻炼他们独立办事的能力。在学校，老师也要给学生创造锻炼的机会。可以经常组织学生参加集体劳动，也可组织学生参加夏令营等活动。要教育学生自己的事情自己做，自己的事情自己拿主意，能靠自己解决的问题，决不依赖他人。只有时时处处注重学生独立意识的培养，才能让学生养成良好的习惯，做一个果断自信的决策者，并能依据决策意志坚定地走下去。一个连生活都不能自理的人，苛求他在其他方面独立，是不太现实的。

要真正实现学生的独立，还要转变我们的教育思想。苏霍姆林斯基说："真正的教育是自我教育。"但在一切都强调标准答案，一切都强调循规蹈矩的现行教育体制下，学生被种种守则、规章所束缚，不能越雷池半步，否则就得"批评教育""回家叫家长"，甚至再来个处分，学生整天被学校、教师"牵着鼻子转"，毫无张扬个性的空间，更谈不上决定自己的价值取向，还奢谈什么自我教育？奢谈什么独立能力？因此，我们要相信学生，并给学生提供独立学习的机会。

优秀的学生都有一个共同的特点：他们自主学习的能力比较强。他们很善于发现问题，并且喜欢独立思考和解决问题。例如，当他们遇到了生字、生词，他们首先想到的是自己动手翻阅各种工具书来查找，实在弄不懂时，才会去请教老师、家长或者问别的同学。而教师要做的，就是培养学生养成这种意识和习惯。"授人以鱼，不如授人以渔。"在课堂上，教师要彻底从"大包大揽""全面代替"的角色中解脱出来，精心设计问题，引导学生通过自主的学习和思考加以解决，而不是急于把问题的答案直接告诉学生。即使遇到了困难，教师也要逐步地"搭梯子""扶膀子"，引领学生接近问题的答案。这样做的目的，就在于告诉学生，学习是自己的事，路要靠自己的双脚去走。这样，当他下次再遇到类似的问题时，就不至于惶然无措了。

当然，培养学生的独立意识并不是放任自流，任其随意发展。教师要制订出一套严密的适合学生发展的科学的管理方法。要利用好班会、国旗下讲话、政治课等阵地，对学生进行教育，以故事、实事等学生喜闻乐见的形式对他们的思想认识进行规范和提高。结合学生的实际情况，设计各式各样的活动和实践。在活动和实践中，教师要大力培养学生独立自主的好习惯，及时地发现一些独立自主解决问题的人和事，并及时给予表彰，使独立自主意识深入人心，在学生中间扩大影响。教师对学生的情况要做到心中有数，充分利用学生的成长档案，记录学生成长的过程。只有这样，在出现问题的时候，我们才能迅速地找到根源，从而有效地解决问题。

有一个心理学家作过一个分析和研究。当被问及"你要喝什么?"时，他认为回答"我想喝咖啡，不想喝红茶"的人比回答"什么都可以"的人将来在社会上更有作为。因为第一类人遇事能有自己的主张，而且敢于表达出自己的主张。而我们教育中要解决的问题，就是少一些"什么都可以"的人，多一些有独立见解、独立思想的人。

要强化学习习惯的培养

俗话说"习惯成自然"。良好的学习习惯，能使学生从内心出发，不走弯路而达到高境界；不良的学习习惯，会给学生的学习带来很多困难。很多教师把目光只盯在成绩上，这是不正确的。学习成绩是一时的，这次考得好，下次未必考得好，而学习习惯是终生的，它对人的影响是广泛的、深远的。有的教师在教低年级时能够得心应手，但随着年级的升高会感觉越教越难，这和只突出知识的灌输，而不强化习惯的形成是有直接关系的。教育归根结底是培养好的习惯。良好的习惯是学生储存的资本，会不断地增值，人的一生就像是在享受着它的利息。杰出的思想家培根说："习惯是人生的主宰，人们应当努力求得好习惯。"我国教育家陈鹤琴先生则说："习惯养得好，终生受其益，习惯养不好，终生受其累。"在这个竞争的时代，家长都希望自己的孩子将来能在社会中"成龙""成凤"，良好的学习习惯是学生获得成功的重要因素。

要知道，在学生身上，不是好习惯代替坏习惯，就是坏习惯代替好习惯。教师要把扭转学生身上的坏习惯作为习惯培养的出发点。克服坏习惯，首先要使学生认识到坏习惯的危害，树立克服坏习惯的信心和决心。其次是锻炼学生与坏习惯作斗争的意志力。学生的不良习惯积累越多，越不容易建立良好的习惯，要想改变它，必须做出巨大的努力，花费很大的气力。例如，有的学生形成了上课不集中注意力听讲的坏习惯，即使在教师的教诲下有了改正的决心，但可能好了几天就又犯了。犯了又改，改了再犯，所以，这就需要长期的意志锻炼。那种认为学生还小，可以放纵一些，等年龄大一些再培养学习习惯的做法是完全错误的。一旦坏习惯在学生身上扎了根，想再去纠正就相当困难了。

在习惯的培养上，教师自身的示范作用不可低估。学生在学习中接触最多、关系最密切的莫过于老师了。教师的行为习惯经常成为学生的模仿对象，小学生经常说："我们的老师是这样说的。"而中学生，虽然更成熟一些了，但仍能从教师那里模仿或学习到相应的行为习惯。所以，教师在要求学生养成良好习惯的同时，自己也要养成良好的教学习惯。如果要求学生主动学习，勤于思考，而教师却没有读书学习的意识和行为；要求学生做作业时画直线要用直尺，教师在讲课时却徒手在黑板上画弯弯曲曲的"直线"；要求学生写正确规范的字，教师却在黑板上、在学生作业本上龙飞凤舞。试问，在这样的教学下，学生什么时候才能养成良好的学习习惯呢？所以，教师在教学中应表现出良好的习惯，以身作则，使学生在学习中受到潜移默化的影响。只有营造出这样一个好的环境，学生良好的学习习惯才能得以更好地培养。

学习习惯的培养并不神秘，需要从细节开始，持之以恒。在提倡素质教育的今天，学生养成良好的学习习惯，必须从细节开始。在教学中，有许多的细节，诸如正确的坐姿和读书的姿势，回答问题的声音要响亮，及时整理笔记，作业本上的错题要及时更正，等等，教师在教学中要注重让学生把这些细节养成好的习惯。《老子·道德经》中有这样一句话："合抱之木，生于毫末；九层之台，起于垒土；千里之行，始于足下。"教师必须注意从一点一滴的小事抓起。习惯是经过重复练习而形成的自动化了的行为动作，它不是一朝一夕就能养成的，而是必须有一个过程。要养成良好的学习习惯，需要不断强化，需要持之以恒地渗透。千万不能一暴十寒，浅尝辄止。奢望一蹴而就，通过提一两次的要求就能够养成习惯，这只能是一个空想。只有坚持不懈地进行要求和规范？久而久之，学生的习惯才能养成。

就像教给学生知识有个序列一样，对学生的习惯培养也应该有个计划，对培养的内容、时间、方式都应有所考虑。培养哪些习惯，如何培养，要作为一项教学内容写进教案，使之明确化，以便随时训练，有的放矢。例如，培养学生主动学习的习惯，及时完成规定的学习任务的习惯，各学科全面发展、不偏科的习惯，预习的习惯，认真听课的习惯，上课主动回答问题的习惯，多思、善问、大胆质疑的习惯，上课记笔记的习惯，课后复习的习惯，及时完成作业的习惯，阶段复习的习惯，记忆习惯，口语交际习惯，制订计划的习惯，等等，都应纳入习惯培养的序列。当然，这样说并不是要求这么多的习惯齐头并进，一股脑儿地都丢给学生，老师要根据每个学生的特点，灵活掌握。

一旦学生养成了时时处处自觉学习、按规律学习的习惯，教师的教，学生的学，便都能做到左右逢源，随心所欲。多一个好习惯，心中就将多一份自信；多一个好习惯，人生中就将多一分成功的机会。作为教育者，就要努力地培养学生良好的学习习惯，让学生乘着良好习惯这艘帆船，乘风破浪，顺利地到达成功的彼岸。

要根据学法选择教法

有个耳熟能详的成语，叫"点石成金"，来历是这样的："一个穷困潦倒、沿路乞讨的书生遇到了一位仙翁。书生向仙翁祈求帮助，仙翁欣然答应，叫书生看看地上的石块，接着用右手食指轻轻一点，石块立即变成了黄金。仙翁叫书生拾起黄金变卖为生。书生俯身拾起了黄金，恭恭敬敬地交还给仙翁，说：'这块黄金我不要，我要你的手指头。'"故事中的书生很聪明，他知道即使一千一万块黄金也抵不上一个"手指头"。他要仙翁的"手指头"就是要仙翁点石成金的方法，因为掌握了这种方法就会一辈子受用。这个寓言启示我们：学习是件动脑的事，要重视掌握思维方法，要学会靠自己去学习，这样就能终身受用。

爱因斯坦总结自己获得伟大成就的公式是：$W = X + Y + Z$。他解释 W 代表成功，X 代表刻苦努力，Y 代表方法正确，Z 代表不说空话。伟大的生物学家达尔文曾说过："一切知识中最有价值的是方法的知识。社古今中外无数事实已经证明：科学的学习方法将使学习者的才能得到充分发挥，越学越聪明，给学习者带来高效率和乐趣，从而节省大量的时间；而不得法的学习，会阻碍才能的发挥，越学越死，给学习者带来学习的低效率和烦恼。由此可见，方法对能否成功起着重要的作用。

我国自古就重视学习方法的研究。最早的教育专论《学记》相当精辟地论述了学习方法的重要性。《论语》也以相当的篇幅记载了伟大教育家子乙子关于学习方法的论述，至今对我们有十分重要的意义。一代宗师叶圣陶在从事教学和教育研究的 70 余年中，始终重视学习方法的研究与指导，并一生为之奔走呼号，"教是为了达到不需要教"便是叶老对教学思想的高度概括。他反复强调教师在教学中要让学生掌握学习方法，以达到"不待老师讲""不待老师教"，学生便"自能读书""自能作文"的效果，让学生自己在学海中泛舟采宝，获得知识的宝藏。

但是，应试教育的思想还严重束缚着教师的教学行为，教师只重视知识，而轻视能力，只"授之以鱼"，而不"授之以渔"的现象还比比皆是，以至于我们的学生变成了彻彻底底的书呆子，高分低能，不能适应现代社会的需要。

21 世纪的人才，应该是不仅具备丰富的知识，还具有学习知识、掌握运用知识的方法的新型人才，这样才能不被社会所淘汰。

这一点，所有教育工作者应达成共识，并努力转变观念，由只重"教"向"教""学"并重转轨，以适应社会的需要。

陶行知先生曾经说过："先生教的法子必须根据学生学的法子。"这句话点明了两层道理：一是学法指导虽有其独立性，但教学中的学法指导，必须以相应的教学内容和教学形式为载体，实现教法与学法的有机融合；二是教师应根据学生学习的方法来确定教学的实施方案，发挥教材的"例子"作用，从中引出规律，总结方法，以达到传授学法、提高学生自学能力的目的。

无疑，"照葫芦画瓢""照猫画虎"应成为学法传授的最主要的方式，"葫芦""猫"即指教师示范的学法。教师心中应有"葫芦"和"猫"，并能将其画法像真正的画家一样一笔一笔地勾勒出来，让学生将每一个步骤、每一个环节都看得清清楚楚、明明白白，只有这样，学生才能有法可依，有式可参。如教学文言文，有的教师采用下列方法：一读，确定字音，读准节奏；二划，勾画难点，思考质疑；三释，由词及句，疏通文意；四述，展开想象，合理复述；五品，体会感情，品味特点；六背，加强背诵，深化理解。教师先以一篇课文为例，遵循"读划释述品背"的六字模式，采取"解剖麻雀"的方法，一步步给学生作出示范，然后放手让学生依照此方法学习其他文言文。这就是我们常说的"举一反三"，只有教师用"一"来讲清规律，来教给方法，学生才能获得启迪，从而独立"反三"，促使其学法的形成并能迁移。因此，这给教师的教学至少提出了三点要求：一是研究学法体系，对学法的内涵及外延要有深刻理解；二是将学法纳入教学内容，写入教案，并注明实施方式；三是对所传授的学法及时总结、归纳，对学生掌握学法的情况及时反馈，以寻求学法教学的最佳效果。

学习方法与学习的过程、阶段、心理条件等有着密切的联系，它不但蕴含着对学习规律的认识，而且也反映了对学习内容理解的程度。在一定意义上，它是一种带有个性特征的学习风格。学习方法因人而异，一旦学生在教师的引导下，逐渐寻找到了适合自己特点的学习方法，那么，学习就将步入游刃有余的"佳境"。

学会把大成功分解开来

我们的教育经历着一个尴尬的过程：从孩子怀着好奇心、兴高采烈地走进校园，到学生厌学情绪严重，视学习为"猛虎""苦海"。中间究竟发生了什么？细心观察，不难发现，我们的教育不是在激励和培养学生的信心，而是从一开始就注定了打击和挫折，让学生在一次次的失败中寻求上进。学生始终伴随着批评、斥责和无尽无休的要求度日。殊不知，渴望承认、渴望成功是人的天性，更多的学生会在不断的挫折面前对学习失去兴趣，对未来失去信心。

所谓的"差生"也就由此而诞生。

事实证明，让一个学生成功的最好办法就是给他信心。唤醒他内心的渴望，就等于给他体内安了一部发动机，而运转发动机的"机油"就是教师和家长给予的赞誉和信任。在一位优秀教师的眼里，应该没有差生这样的概念，有的应该是对学生的因材施教，发现他们的特长，给他们机会，让这些学生从失败的阴影中走出来，从不断的成功中找回自信。现在的关键问题是怎样引导学生有选择地走上成功之路。因为只有选择适合于自己发展的道路，才能求得自我的和谐发展。每个人都不会均等地拥有各种智能，而是有所侧重、有所薄弱的。真正的教育应该是发现每个学生的特长，因材施教，使每一个人都成为对社会有用的快乐的人。用一把固定刻度的尺子来要求所有的人，最终得出的结论只能是大部分学生不合规格。

因此，一个优秀的教师，头脑中要始终牢记成功的理念，并用这种理念来支配和调控我们的教育行为。成功教育的关键在于唤醒，善于用鼓励唤起学生的信心，用科学的方法燃亮学生的闪光点，唤醒学生心中沉睡的伟大的自我。让从来没有体验到成功快乐的"差生"体验反复成功的快乐，让他们变反复失败为反复成功，这才是一个优秀教师时刻应掌握的教育艺术。

很多学生从来没有在成功之途上前行过一步，因为他们认定那是一件不可能完成的任务。这种心态阻碍了很多人的发展。其实，再巨大的任务也能被分割完成。教师应该做的，就是有意识地将大任务、大目标分解成若干个小的、容易完成的任务和目标，并逐一引导学生去完成。一旦学生将一个小成功收入囊中，他就拥有了一个不小的动力，开始相信自己完全能够成功，以前那些看起来无法逾越的困难鸿沟，现在对学生而畜也只是一个敢于面对的小挑战而已。想让学生一步登上珠穆朗玛峰是不可能的，但如果每一步给学生的只是一个小小的台阶，那么学生就能够稳稳地前进，直至抵达风光无限的顶峰。

优秀的教师总是善于在教学中将某些学习任务分解成若干个子任务，让学生从难度较低的问题入手，先由基础较差的学生回答，使他们有较高的成功几率，尝试成功的喜悦，以增强他们的自信心。对于综合性强、难度大的问题由基础较好的学生来说明、回答和总结，使不同层次的学生都体验到成功的快乐。具体而言，可以围绕九个字来做："低起点""小坡度""分层次"。

教学内容的设置不宜过高，应以"跳一跳，能摘到"为标准，贪多嚼不烂，过分求高、求大、求多，只会给学生过多的挫败感，要按照学生的实际来进行教学，谓之"低起点"。

教学内容的衔接和过度，思维跨度不宜过大，应努力体现一环扣一环，保持思维的连续性和流畅性，分散难点，抓住重点，把所学的新知识，按学生的认识过程，划分为几个"坡度"，并且"坡度"要小，"频率"要高，学生就很容易接受，谓之"小坡度"。

对中上等水平的学生，应让他们看书自学，小组讨论，质疑问难，以帮助其在理解的基础上掌握新知识，发展思维能力。对于水平偏低的学生主要由教师直接教学，帮助其复习基础知识，在新旧知识之间"搭桥"，进而引导他们掌握新知识和获取知识的思维过程。使不同学生以不同方式获得成功，谓之"分层次"。

不要充当万能的"上帝"

前些年，曾经看过这样一则新闻报道：

有人拟了一个题目：某养殖场共有 63 头牛、32 只羊，那么，养殖场的张厂长今年多大岁数？这是一道考查人反应能力的"脑筋急转弯"试题，本不足为怪。但是，据说在上海某小学四至六年级做了一个实验，教师在公布题目后让学生迅速写出答案，结果让人大吃一惊，竟然有 50% 以上的学生将答案写成 31 岁。

我看到这个报道后，惊诧之余，又略有疑虑，是不是记者胡乱编造、哗众取宠呢？后来，我选择了农村学校的一个初一年级教学班进行了同样的实验，结果更加触目惊心：35个学生全军覆没。

后来问学生犯错误的原因，有的学生说，其实他们也怀疑了这个题目，觉得没法得出答案。可一想，既然是老师出的题，怎么会有错误呢？而且老师急着要答案，就没再多想，顺手就随便写了一个。

亚里士多德有句特别有名的话："我爱我师，我更爱真理。"在我们学生的眼睛里，老师显然成为了真理的化身。"师道尊严"，从一入学起，家长就嘱咐孩子要听老师的话，不听，就是不认真学习，不听，就是没出息，就是"坏孩子"。在"填鸭"式的课堂上，学生不用思考，只需勤奋地将教师讲授的重点记录下来；出现争议的时候，大家只等待着教师的评判，很少有人怀疑教师的评判能力。谁敢去撼动教师的权威地位呢？教师无所不知，无所不能，自然就成了学生眼中神圣的"上帝"。

更可悲的是，我们有相当一部分老师也是这么认识自己的。由于过分看重教师这个头衔，有的教师明明知道是自己犯了错误，出了问题，却死不认账，让错误继续停留在学生的头脑中。他们这样做的目的，仅仅是为了维护教师"万能"的假象。

爱因斯坦说："在真理和认识方面，任何以权威者自居的人，必将在上帝的戏笑中垮台。"教师应该是维护真理的人，而永远不会是真理的本身。在这个"知识爆炸"的时代，海量的信息铺天盖地而来。一个普通教师的头脑里，怎么可能包罗万象、无所不知呢？相反，电影、电视、广播、网络，越来越开放的媒体进入生活，学生的视野开拓了，获取信息的途径增多了，一些新事物、新人物、新思想，也许我们教师并不知晓，而学生已经相当熟悉了。

从这个意义上说，学生反倒在某些方面成了我们的老师。如果我们还死死抱住"我是老师，我无所不知"的观点，就不免成为笑话了。

"不唯书""不唯上""不唯师"，强调的都是要有质疑的精神。学源于思，思源于疑，疑是思之始，学之端。可是现在不少教频备课时唯教学参考书至上，"克隆"现成资料，不自觉地做了教科书的奴隶，照本宣科，资料上怎么说就怎么讲，仅仅成了"传声筒"而已，完全没有了自己。教材处理概念化、简单化、程序化，把学生的脑袋当作容器，一味地灌输，没有留一点让学生自由思考的空间和自由发育的余地，这样做，不仅无益于学生良好思维品质的形成，还抑制了学生的创造性思维，使智慧的火花难以闪现。把一个个本来富有灵气、个性鲜明的学生变成了没有生气、毫无个性的平庸之人，这是件多么悲哀的事啊！

人们对事物的认识过程总是经过多次反复才能完成的。要鼓励学生在学习中敢于对一些看似真理的东西提出疑问。也许他们的怀疑是错误的，也许他们提出的观点和见解并不正确，但正是在这种正确与错误的交锋中，他们才能获得本真的认识。如果教师只是一味地让学生死记硬背，即使把课本背得滚瓜烂熟，也难以灵活运用。新课程提倡开放性的思维，如果教师还按照"手把手"，一粒米一粒米地喂给学生吃的方法来教学，怎么能够适应新的教育需求呢？

古希腊著名生物学家普罗塔戈说："头脑不是一个要填满的容器，而是一个需要燃烧的火炬。"这"火炬燃烧"的过程，对于我们教师来说，实质上就是引导学生从生疑、质疑、解疑到再生疑、再质疑、再解疑的过程，也就是说指导学生学会学习、学会创造的过程。如果仍然只满足于学生认真听讲，认真记录，老师讲什么是什么，教什么听什么，给多少学多少的状况，学生没有主动意识，缺乏参与精神，恐怕会严重阻碍学生的发展。教学的根本就在于引导学生"怎样学习"和"怎样思考"。所以我们主张学生多与老师交流，敢于向老师质疑，甚至与老师争论，不轻信老师的说法，不轻信现成的结论；鼓励他们敢于突破思维定势的羁绊，摆脱条条框框的束缚，让他们学会大胆质疑、小心求证的学习方法；让他们把书读活，把问题想透，真正做到温故而知新，举一而反三。而作为教师，要小心翼翼地呵护学生创新的火花，而不该是不假思索、不负责任地举起权威的"大棒"，将一个个刚刚萌生的想法彻底毁灭在萌芽状态。

无疑，这对老师是一个考验。新的教育理念提出，教师应该与学生共同学习，其出发点就要求教师从高高的神坛上走下来，别再冒充万能的"上帝"，要以一个普通人的心态，"蹲下身子"，和学生一起探索真理，完成教育任务。相信，这样的教师一定能够更多地获得学生的尊重和拥戴。

有效开展小组之间的合作

在班级中把学生划分为若干个学习小组，开展小组合作，有利于从整体上提高学生的学习成绩和学习能力，提高学生相互之间信息沟通的能力，有利于培养团队精神和协作意识。许多优秀的教师对此都进行了积极的探索，这是非常有意义的一件事。但是，我们国人最擅长"一窝蜂"，最擅长争相效仿，而不注意结合实践深入思索。我们在深入课堂以后发现，在运用小组形式进行教学的过程中，出现了许多问题，如果不及时纠正，小组学习的初衷不仅会落空，而且可能会对学生的学习产生一定的副作用。其主要表现有：

1. 教师把小组合作变成公开课教学中展示自己水平的工具。小组合作中真正需要充分表现的是学生，而并菲教师。教师应该是小组合作的服务者，应该坚持以学生为中心。公开课教学中，教师为了展示自己"先进"的教育理念而采用小组合作的方式，必然会使学生成为教师的附庸。

2. 因为教师的课堂教学内容空乏，或者因为教师不善于管理、引导、参与学习小组的活动，所以导致小组合作成为没有内容的表面文章。教师只追求小组合作表面的热闹，使小组合作成为一种虚假的学习活动，对学生贻害无穷。

3. 不注意发挥每个学生在小组中的作用，从而导致小组讨论和交流成了优秀学生的专利，而其他学生很少参与意见。就其本质而言，由传统的教师灌输演变成了尖子生的灌输，容易导致学生缺乏主见、人云亦云的性格缺陷。

4. 教师的教育观念落后，导致小组合作仍然只是片面地为应试教育服务，出现了"新瓶装旧酒"的现象。新课程下的小组合作并不否定努力提高学生学习成绩的目标，与应试教育不同的是，它并不是把提高学生的学习成绩作为唯一的目标。小组合作贯彻着以人为本的理念，是人文精神的培养，着眼于提高学生的综合素质，使学生因为综合素质的提高而更有利于学习成绩的提高。

5. 教师在小组合作中习惯于使自己的课堂教学模式化，结果没多久学生就会对固定化的教学模式生厌。其实小组合作最有利于发挥教师的智慧，使课堂教学常常得以创新。因此要加强合作方式的研究。

6. 教师片面理解合作的内涵，把学生在课堂教学中开展小组活动作为合作的唯一方式，却忽视了引导学生在课前和课后的合作。因为课堂的时间总是有限的，难以全部完成合作学习的任务，所以搜集相关学习资料，调查生活和社会发展情况，对知识缺陷的深入研究，都必须在课前或课后通过小组合作加以完成。

7. 学生往往看重小组合作中的讨论研究，而忽视小组汇报，表现为只要他们认为自己已经研究出结果了，就不再有兴趣听取其他小组的研究成果汇报了。课堂应留有安静的时间，教师应当让学生在安静中有独立思考的机会，应当引导学生学会认真倾听，因为认真倾听才会让发言者觉得自己所讲的内容很重要，认真倾听才会引起学生更深入地思考，从而迫切需要进一步开展d、组合作。

8. 讨论呈现泛化的趋势。不管讨论的问题有无价值，均要讨论一番，从而浪费了大量的时间，大大降低了课堂效率。

9. 小组成员搭配不合理，组与组之间实力差距过大，这也会抑制部分学生的学习热情。

作为优秀的教师，应永远不甘于停留在表面化的教学改革上，而总是会向更深层次的改革进行探索。小组合作作为新的教学方式，已经越来越多地被大家所接受和采用，只有不断地解决其中出现的新问题，其价值才能得以充分发挥。

让课堂提问发挥到积极作用

"提问法"不等于启发式。

有的教师陷入了这样的误区，一节课提问竟多达几十次，甚至上百次，不考虑问题的难易程度和提阅的效果，也不给学生充分思考和交流的时间，教室里"齐刷刷"地树起手臂的丛林，叫人眼花缭乱。课堂体现的特征就是"热闹"，据说这已成了新型课堂的典型样板。

这样的教学何谈启发式呢？难怪有学者指出，这种"满堂问"的形式甚至比"满堂灌"更为可怕。

任何教学形式都是为顺利完成教学任务服务的。课堂提问如果能够恰当运用，自然是好的；但如果方法不当，反倒会降低教学的效率。仔细观察我们课堂中的提问，主要的问题集中在以下几点：重数量，轻质量 为了制造热闹的课堂气氛，教师不分主次，不顾学生实际，将提问占据课堂大部分的时间，学生只能被动地应付教师的琐碎问题，缺乏质疑问题、独立思考的时间，从而不利于创新能力的培养。教师应该在问题的设计上下功夫。提问应从学生当前的知识水平、理解能力或学习状况出发，所提问题应是学生通过对所学知识进行分析、判断推导、运算能够回答的问题，不能是超出学生实际水平的刁、难、怪题，让学生产生消极畏难情绪，也不能是毫无思维价值的"是不是""对不对"式的提问，让学生对所学内容逐渐失去兴趣。重结果，轻过程 教师的提问似乎只有一个目的，那就是得到正确答案。这个目的达到了，教师就觉得任务完成了。具体表现在课堂上就是，教师一个又一个地叫起学生，直到得出早已准备好的正确答案为止，然后他们好像完成了一项重要的使命一般，长出一口气，给人一种如释重负的感觉。对客观题，甚至只满足于学生对"A""B""C""D"的选择，从而导致很好的题目未能发挥其应有的训练价值。对学生的回答，不应只满足于结果，更要善于让学生展示思维过程，阐明得出结论的理由，这样，正确的可以加深理解，错误的也能通过阐述理由的过程找到思维的偏差点，并对症下药进行校正。否则，学生只能达到"学会知识"的层面，而不可能发展到"会学""会举一反三"的层面。重记忆性，轻创造性 有些教师在提问时重记忆性，轻创造性。教育专家马云鹏曾记录了一位教师在一节课中的所有提问，发现这位教师在这节课中共提出了 88 个问题，其中记忆性问题 55 个，理解性问题 22 个，课堂管理性问题 3 个，创造性问题 5 个，无意义问题 3 个。教师进行以记忆为目标的训练过多，容易使学生养成只重视认知性、记忆性问题、一味机械复诵标准答案、以记忆代替思维的习惯，严重影响了学生创新能力的发展。

重教师单向闻，轻学生自问互问

一些教师将课堂提问视为自己的专利，只让学生学习如何回答别人已经解决了的问题。爱因斯坦认为"提出一个问题比解决一个问题更重要"，所以教师在教学中应注重培养学生自我提问、互相提问的能力。

重单一评价，轻多元评价

在课堂上，我们经常看到一些教师只根据教材、教学参考或自己的看法确定标准答案。因此，当学生回答的答案与教师的标准答案一致时，教师便大加赞赏；当学生的回答与自己的答案不一致时，便马上换另一个学生来回答，直到得到标准答案为止。还有一些教师按自己的意图执教，当学生提出出乎教师意料的想法和思路时，教师便不予理睬，甚至予以贬斥，而对学生创造性思维成果的展示，则缺乏足够的耐心。

重视少数学生，忽视面向全体

教师提问总是局限于为数不多的几个优秀生，而对剩余的大多数学生，经常是一节课也不会"光顾"一次；偶尔对"差"学生提出一两个问题，也往往是为了对他们提出警告，以教师的讽刺挖苦和学生的垂头丧气而告终。要知道，如果一个学生连续几节课都没有和教师交流的机会，那么，他就会距离你的学科越来越远。

千万不要以为学生能正确回答问题就表明他已经掌握了知识。其实在很多情况下，正确回答问题并不等于掌握了该问题。学生有时可能只是靠猜测获得了答案，有时可能答案正确，但过程错误；而在集体回答的情况下，一些学生可能根本就不知道正确答案，但是碍于课堂环境的压力，不得不对他人的答案加以附和，而自己本身却并未理解该问题。因此，教师要合理设计课堂提问，使之成为课堂交流、师生互动、发展学生思维能力的重要手段。

要修炼课堂评价艺术

课堂评价作为一种教学手段，贯穿于整个教学过程，它已经成为课堂教学的有机组成部分。它决定着课堂教学的走向，影响着课堂教学的效果。因此，必须引起足够的重视。

新课程标准明确指出："在评价时要尊重学生的个体差异，促进每个学生的健康发展。"在这种理念的支配下，我们看到，当前不少课堂，特别是在观摩课中，教师评价学生时表扬声一浪高过一浪，"说得太好了，大家为他鼓掌！""嗨、嗨、嗨，你真棒！"似乎给予学生的表扬越多，就越能体现新课程的理念。但静下心来仔细想想，现在的课堂，表扬是不是太多了？以学生发展为本的评价理念，在实践中是不是被演绎得"过了度""变了形"？评价真正达到它的自身价值了吗？传统教育一味地批评、指责、否定学生，造成学生自信心匮乏，当然弊病重重。但新课改提倡多鼓励学生，也并不是要求教师海撒"棒棒棒，你真棒"这种声音。如果每天都沉浸在一种声音里，评价语言没有变化，每个人所得到的评价也没有区别，那么，学生的心里恐怕会对其产生免疫力，评价的激励作用就难以实现，评价的有效度能落实多少也可想而知。

一切教育措施的出发点皆为"有效"，评价也是如此。有效的课堂评价应以学生的发展为出发点和归宿，它是促进学生发展的催化剂。诚然，鼓励、称赞等积极的激励性评价，对保护和提高学生的学习热情有着积极的意义，但这并不是说，我们就必须追求一味的表扬式评价，而忽略否定性评价。其实，太多的激励性评价往往会造成学生自我感觉太好，经不起批评和挫折，稍有不如意就情绪低落。所以，课堂上究竟该采取怎样的评价方式，要根据实际情况灵活掌握。

当学生的表现有明显进步，如回答到位、见解独特、表达精彩时，教师的评价应不吝赞扬之词，及时予以肯定、赞扬、激励。如"好哇，这种做法很好，你真会动脑筋！""你的发言很精彩！""又是一种很好的解题思路。""这个问题很有价值。"如此亲切、明朗、热情洋溢的语言，学生听后怎么会不被感染？他们当然会不断获得前进的动力，在自信中走向成功。

当学生表现不理想时，教师要善于从学生的表现中，敏锐地捕捉到其中的闪光点，用激励性评价及时地给予肯定和表扬，让他们看到自己的能力和进步，从而增强学习的信心。或者通过幽默的语言化解学生在课堂上的尴尬，小心翼翼地保护学生的心灵，帮助他们纠正学习中的错误。例如："也许有的同学还有新的见解，你想不想听一听?""说错是正常的，老师也会有说错的时候，没关系，再说一遍。"这样的评价使学生容易接受，也不会对他们的自尊心造成伤害。

当学生思维活跃、意见相左时，教师的评价应深入浅出，追根问底，引导学生在激烈的争辩中相互启发，碰撞思维，理清思路，统一意见。要给持相反意见的学生申诉的机会，要给出现错误的学生重新修正意见的机会，最终让他们都带着满意的理解回到座位。

当学生的情感、态度、价值观发生一些偏颇时，教师的评价要学习武术中的"四两拨千斤"，化腐朽为神奇，既尊重学生的体验，又把学生本有些不科学的价值观不露痕迹地消除掉。此刻的评价，最忌讳直白的否定，而应突出教师的智慧，运用幽默的语言进行引导，往往会收到奇效。

许多课堂教学评价仅仅是对知识的正确与否进行评价，注重测量学生知识的掌握程度，不能抓住契机，肯定学生的学习方法、学习习惯和学习情感。忽视对学生学习过程与方法、情感态度与价值观的评价，尤其对学生学习的兴趣、良好的心理素质、新颖的学习方法、学习过程中独到的体验和感悟，更是缺乏及时的、丰富多彩的评价。这说明教师仍然将主要焦点集中于学生的学习成绩上，没有多角度地去评价学生，忽视了学生个体发展的独特性，扼杀了学生创造的火花。

教师不要把自己当作课堂上唯一的"裁判"，要把"评价的尺子"交给学生自己，让他们产生使命感，让他们也有一次当评委的情感体验，这样做往往会使教学收到意外之喜，促进学生认知的顺利生成。

课堂教学评价应该是一种民主、平等的"对话"，这种"对话"过程贯穿着尊重人、爱护人、发展人的人本主义情怀。修炼课堂评价艺术，会使我们的课堂具有强大的吸引力，学生在课堂上快乐、轻松地学习，将不再是遥远的理想。

要合理布置和处理学生作业

作业的布置及批改是教学工作中极为重要的一环，是提高教学质量的重要保证。科学、合理、及时地布置和处理好学生作业，有利于教师及时发现教与学中存在的问题，了解学生的学习状况，查漏补缺，消除"负积累"，从而提高教学效果。这是一个非常浅显的道理，但在教学实际中往往被教师所疏忽。

在作业问题上，首先应该明确对学生的要求。学生作业必须按时全部完成并交到教师办公室，对未按时完成作业的学生，教师必须及时提醒和严格督促其完成。班主任和科任教师要严格要求，彻底杜绝学生抄袭作业的现象，培养学生独立完成作业的良好习惯。这不仅有利于学生掌握知识，也有利于学生培养诚信的品质。而通过权威调查显示，学生真正能独立完成作业的比例不足30%，这是一个令人震惊的数字。如果教师每天辛辛苦苦批改的作业都是学生"不劳而获"得来的，那一切付出不都是徒劳吗？

对学生作业的书写要严格要求，必须培养学生认真书写的习惯，根据学科特点，让学生掌握必要的解题格式并严格遵循。学生做作业要用作业本，坚决不允许使用作业纸。否则，学生边写边丢，会使作业的功效大大减弱。要教育学生收集和整理好作业本，作为总复习时的重要资料。

布置作业的量要科学、合理，主要学科必须每天都有作业，其余学科可根据学科的课时安排情况而定。绝对不应出现没有作业，或不考虑学生实际，盲目加大作业量的情况，否则将导致学生对完成作业失去兴趣。特别是单纯机械重复性的作业，除了耗费学生的时间和扼杀学习的热情外，几乎别无他用。对安排好的练习内容，教师在布置给学生之前，应该亲自动笔做一做，确定难易程度，做到心中有数。对个别难度较大的题目，可在布置作业的同时，适当补充例题进行过渡，降低难度，使学生能够适应。作业题目的设置应丰富一些，充分考虑学生的承受能力和知识的前后联系。

作业的处理往往存在问题。处理环节不到位，将使前面所做的工作功亏一篑。首先，对学生作业的批改要及时，不能拖拉。对每天都布置作业的学科而言，当天的作业必须当天批改完成，并下发到学生手中，为新课的讲授奠定基础。其次，对批改完的作业要认真处理，一是督促学生对作业中存在的问题及时修改，二是对作业中出现的普遍问题和个别问题，要分别采取全班讲评、小组讲评、个别指导等方式予以补救。从而使新授课在了解学生情况的前提下进行，做到有的放矢。要鼓励学生建立错题本，自觉归纳出现问题的题目。千万不要以为错题是偶然的，其实错误背后反馈出的是学生在某个知识点、能力点上的欠缺。教师要敏锐地捕捉到这一点并及时弥补。

此外，对需要背诵、默写的作业，教师要根据学科要求，采取单兵教练和抽查相结合的形式，及时、全面地检查，并且要常抓不懈。

作业问题看似简单，但对教师而言，却是个极容易被忽视的重要问题。据美国一位教育家的调查资料显示：不合理的作业是造成学生学习兴趣下降的最主要的原因。因此，作为一名优秀的教师，要加强对作业问题的研究，在教学实践中，逐步摸索规律，使作业的布置与处理发挥应有的作用。

第一堂课要上好

一出戏，要演好序幕；一部乐章，要奏好序曲；刚离开大学校门、踏上工作岗位的新教师，同样需要上好第一堂课。其实不单是新教师，即便是有了一定经验的教师，在每接一个新的教学班时，都应精心上好第一堂课。俗话说，"好的开始是成功的一半"，对教师这个行业来说也是如此，第一次和学生近距离接触，的确是非常关键的。老师的这一个亮相要是博得了满堂彩，后面的教学就会顺畅些、圆满些。

可惜的是，许多教师，特别是新参加工作的年轻教师，由于经验不足，往往出现"怯阵"现象，即使在课前作了精心准备，但课堂上仍然难按原定教学计划加以实施，出现"砸锅"现象。

因此，掌握一些必要的技巧是非常重要的。

教学实践表明：教师留给学生的第一印象如何，容易使学生产生一种"先入为主"的心理定势，对教师威信的形成有重大影响。因此，新教师在第一次与学生接触时，就要注意自己在学生中的形象塑造，力求一开始就给学生留下一个美好的印象。我们常听学生说："这老师，从一见面我就不喜欢他，以后一上他的课就烦。"所以这"一见面"就显得十分重要。一见面只有喜欢你这个人，才会喜欢你的课，才会乐意接受你传授的知识。上第一节课前，老师最好"修饰"一下自己，理理发，沐浴一下，穿着要大方得体，一来显得干净利索，二来显得对学生尊敬。假如你有一张叫年轻人追逐迷恋的明星脸，多少会有助于你马到成功，假如你长得没有什么特点，那么，你至少要在休息好的前提下，做到精神焕发。

第一堂课不要一上来就讲课。学生还不熟悉老师，对老师还有很多的神秘感，大家还在感兴趣地揣摩教师，自然不会顾及学习的内容，如果一上来就讲课，就容易导致教学效果不佳。那怎样上好第一堂课呢？首先，要精心设计漂亮的、出彩的自我介绍。这个自我介绍，要介绍自己的姓名和求学经历，这些最能吸引学生，有助于学生了解老师的过去，促进师生友谊的建立。让学生在你的自我介绍中，感受你的智慧之美，自信之美，进取之美。要让学生感觉老师是一个博学的人，从而从心里喜爱和敬佩老师。有一位年轻的优秀教师，上第一堂课的时候，在黑板上大大地写下了自己的名字，给学生留下了极其自信的印象，自然会让学生对他的课程充满了期待。

其次，要讲讲对所教科目的认识。最好是联系现实社会中的一些具体的实际例子，来突出所教科目在社会发展中的重要性，突出所教科目在个人修养提高方面的重要性，突出所教科目在考学中的重要性，要让学生产生一种学好你所教学科的冲动。要善于"王婆卖瓜，自卖自夸"，把本学科的重要意义讲清楚，让学生知道学好这个学科对他人生的发展、对他的升学考试有多么大的意义。

然后，还要介绍一下本学科的特点和学习方法。特别要用现身说法的形式，讲述自己当初求学时学习这个学科的一些成败得失，把自己的一些窍门和绝招毫无保留地传授给学生，叫学生知道下一步怎么学，怎么做，怎么配合老师的工作，从而达到以实用来吸引人，以真挚来感染人的目的。

最后，还要给学生提出期望。简要介绍本学期的学习内容，学期目标，自己的教学计划，自己的授课习惯、讲课特点、课堂要求，并且对学生应该达到的程度做出明确的说明。要鼓励学生做得更好，要对他们保持更高的期望值。优秀教师在课堂上不是被动地接受而是主动要求学生的参与，教师要做到对学生严格要求，但又不至于令人讨厌。事实上，学生尊敬那些期望他们做得更好的老师。

总之，要努力给人和蔼可亲之感，不要高高在上，目中无人。与学生谈话要表现出关心、体贴，要认真倾听，力求一开始就留给学生"是他们知心朋友"的印象，从而为自己的后继教学创造良好的条件。要展现出一个好的态度，学生们不喜欢整天沉浸在恶劣情绪中的教师，教师应该表现出自己对学生的喜爱、关心和尊敬，并以此影响学生。发自内心地微笑，鼓励学生参与，使得课堂气氛活跃，不要搞得课堂气氛死气沉沉。不要一上来就制定一大堆规矩，妄图给学生一个下马威，这样的话，学生会因为你的过分严肃而产生畏惧心理，并"敬而远之"。对今后的教学而言，是得不偿失的。

先人为主，先声夺人，学生就会情不自禁地沉醉于你的学识、风度之中，沉醉于学科的魅力之中，并热切地盼望着你再次踏上讲台。

为·师·授·业·丛·书

为师篇：

育人·做人

下

高峰 ◎编著

中国出版集团
现代出版社

图书在版编目（CIP）数据

为师篇：育人·做人（下）／高峰编著．—北京：现代出版社，2014.3
ISBN 978-7-5143-2117-3

Ⅰ．①为…　Ⅱ．①高…　Ⅲ．①师德－研究　Ⅳ．①G451.6

中国版本图书馆 CIP 数据核字（2014）第 038740 号

作　　者	高　峰
责任编辑	王敬一
出版发行	现代出版社
通讯地址	北京市安定门外安华里 504 号
邮政编码	100011
电　　话	010 - 64267325　64245264（传真）
网　　址	www.1980xd.com
电子邮箱	xiandai@ cnpitc.com.cn
印　　刷	唐山富达印务有限公司
开　　本	710mm ×1000mm　1/16
印　　张	16
版　　次	2014 年 4 月第 1 版　2023 年 5 月第 3 次印刷
书　　号	ISBN 978-7-5143-2117-3
定　　价	76.00 元（上下册）

目 录

第四章 教师应该是一个什么样的人

第五章 教师要心系学生

第六章　心系学校

第四章　教师应该是一个什么样的人

做一个有思想的人

优秀的教师应该是一个思想触觉十分敏锐的人。追求真理，崇尚科学，独立思考，保持个性，应该是每一个教育者坚定的人生信念。

有的教师可能说，我太忙了，没有时间去思考、去研究；也有的教师可能说，一般教师需要什么思想？只要按照书本教好课就行了；还有的教师可能说，我既没有孔子、陶行知的儒家风范，也没有窦桂梅、李镇西的教育艺术，何来思想？

细细想来，我们真的不能苛求每一位教师都是思想家、教育家，不能苛求每位教师都得拿出几本教育专著来彰显自己的思想，但每一位教师最起码应该是一个有自己独立想法的人。如果我们整天忙于应付考试，不去思考，不去探索，把自己定位在一个"教书匠""传声筒"的位置上，当多年后我们再回首时，除了有一肚子的考试经验外，我们还会留下什么呢？

教育不是流水线，教师不是按部就班、严格按程序操作的工人。教师在完成其教育使命的同时，也在理解、发挥、创造、生成独立的思想。在讲台上，教师以个体的修养、人格之旗，面对学生，唤醒学生。在校园里，教师以个体的思想、精神之火，照亮学生，激励学生。只有用思想才能提升教育的品质，只有有思想的教师才会培养出有思想的学生，只有思想的力量才会赋予我们经过岁月淘洗仍然饱满正藏的心灵，激励我们永葆那份对教育事业的激情。

做有思想的教师，就必须有厚重的人文底蕴。如果没有扎实的基本功，没有厚实的人文底蕴，没有对教育事业的满腔热忱，没有创新的意识与行动，只会凭空构建理想教育的"空中楼阁"，这样对教育实践就没有多少益处。我们脚下是现实的土壤，头顶是理想的天空，我们需要怀揣抱负，行走在这片深情钟爱的土地上。在新课程背景下，每位教师必须努力学习现代教育理念，转变教育观念，学习新的专业知识，实现自己的专业发展，在高起点上实现自己的新跨越。

做有思想的教师，就要学会反思。不会反思，不善于反思，就不可能有思想，就不可能实现新突破。如果教师每天都能够忙里偷闲，抽空坐下来思考一下自己的工作，那么一定会有新的发现和瓢的收获。仅就课堂教学而言，不善于反思的教师，往往会被教参的权威所左右，照本宣科，成为书本和教参的"传声筒"和"复印机"，永远无法形成卣己的教学风格。

做有思想的教师，就要以学定教，敢于大胆地处理教材，点燃学生心灵的火花。反思的一个基本要求就是多找自身的问题，一个长于推卸责任，处处找借口的人是永远不会进步的。可以说，是否善于积累总结，是否善于研究反思是一个教师能否成功的关键因素，是区别于"思想型教师"和"教书匠"的分水岭。

要做有思想的教师，就要善于接受思想。而接受思想最直接、最有效的方法就是阅读。如果一个教师不善于阅读，就不会有深厚的人文底蕴。所以，要让阅读成为每位教师的生活方式，成为与别人进行心灵碰撞的自由领地，成为自己不断进步的阶梯。上海师范大学商友敬教授曾说过："只有主动阅读，才能发现自己、充实自己、发展自己。"在读书的范围上，不能仅限于教育类的书籍，而应该把自己的阅读视野拓宽，文学类、科技类、社会类的书籍都要读，要在不同领域汲取营养，不断地丰富自己。如果没有博览群书，教学中就不能旁征博引，信手拈来，课堂就会因此而单调乏味，死气沉沉；如果没有阅读，就难有深层次的思考，就无法构建丰富的精神世界，展现于学生面前的，就只能是面目呆板，形神模糊。

要做有思想的教师，还要敢于释放思想。萧伯纳说："倘若你有一个苹果，我也有一个苹果，而我们彼此交换这些苹果，那么你和我仍然是各有一个苹果。但是，倘若你有一种思想，我也有一种思想，而我们彼此交换这些思想，那么，我们每人将有两种思想。"我们的教学工作不会是一条平坦的大道，肯定有坎坷，有曲折，肯定会碰到许多疑难困惑，碰到许多新的问题，因而更需要教师之间的互动与交流。敢于亮出自己的观点，敢于争辩，敢于碰撞，这样才会迸射出更多的思想火花。反之，如果人云亦云、盲目"随大流"，就只能成为他人思想的奴隶。

做一个享受教育幸福的人

在教育中，有一种独有的幸福。每个教育工作者，都应该用心去品味、去享受。

或许有人说，唐朝诗人李商隐的"春蚕到死丝方尽，蜡炬成灰泪始干"写的不就是老师吗？很伤感，很凄凉啊！是的，辛苦劳累，呕心沥血，正是教师职业的特点。一堂堂人生课，教师要循循诱导，谆谆教诲；一册册作业本，教师要轻轻展开，细细品评；一个个疑问，教师要苦苦思索，耐心解答……教师之苦在于劳心。但是，教师职业又完全可以作另外的诠释。年轻的教育专家袁卫星老师说："对于幸福的教师来说，教育不是牺牲，而是享受；教育不是重复，而是创造；教育不是谋生的手段，而是生活的本身。教师的一生不一定要干成惊天动地的伟业，但她应当如百合，展开是一朵花，凝聚成一枚果；但她应当如星辰，远望像一盏灯，近看是一团火……"教育市长朱永新教授也说过："有一种态度叫享受，有一种感觉叫幸福。学会面带微笑才能享受生活，懂得播种快乐才能收获幸福。""用享受的目光来看待我们的教育，那么我们就会多一种生活的诗意。""你就能从平凡中读懂伟大，从失败中咀嚼辉煌。你能读懂每一个孩子的脸庞，走进每个孩子的心房。你会惊奇地发现：幸福从此熙熙攘攘。"（朱永新《享受教育》）

每逢佳节，那些雪片般从远方飞来的贺卡让教师激动不已。在看到那一个个熟悉或者淡忘的学生的名字时，快乐便油然而生。这时候的我们，不是幸福的吗？

开展丰富多彩的读书活动，让学生走进经典的海洋，让阅读成为师生最日常的生活方式，进而推动书香社会的形成。这时候的我们，不是幸福的吗？

创设一种平等、民主、和谐、愉悦的课堂氛围，追求高效课堂与个性课堂，师生感情水乳交融。这时候的我们，不是幸福的吗？

用手中那支普通的笔，记录、反思师生的日常生活，促进自身的专业发展和学生的自主成长。这时候的我们，不是幸福的吗？

无论是教师还是学生，都是教育幸福的创造者，也是教育幸福的享受者。特级教师李吉林有一种神奇的教育力量，她能让学生愈来愈觉得身边的生活是多么美好，学习是多么幸福。李吉林为教育付出了大量的心血，教育也给了她极大的精神享受。在教育的成功中，她和学生们一道品味无上的幸福。

诚然，只有在不懈地耕耘与不断的成功中，教师才能品尝和拥有甜蜜的幸福；只有不断地充实与完善自己，教师才能把学生送上幸福的彼岸。这样的幸福，才是真正的幸福，永远的幸福。教育绝不是以损失教师的幸福来造福学生的活动，教师不是蜡烛，不需要悲壮地熬尽生命带给学生光明。教育是教师不断超越自我的活动。还有什么比自我价值的提升更让人幸福的呢？还有什么比看到自己学生的茁壮成长更让教师感到幸福的呢？

教师的幸福是无限的。即使退休了，也不会减少他在教育工作中创造出来的价值，更不会妨碍学生对他的尊敬。随着学生跨出校门，随着学生进入各行各业，随着学生在社会上有所作为，教师劳动的意义就远不止于校内了。

学生的幸福，是教师的幸福；教师的幸福，是教育的幸福。学校，应当是幸福的乐园。每一位教师，都要努力为自己建造成功的舞台，让自己的生命释放辉煌，使幸福不断充盈在我们的教育生活中！

享受教育的幸福，是一种态度，是一种积极向上、乐观豁达、善良包容的人生观，是遇到困难和挫折的坦然面对，是参与新时代、创造新生活的主动实践。幸福，离我们很远；幸福，又离我们很近。为了自己的理想，一路追随幸福，创造幸福，享受幸福吧！我们的教师生涯将变得异彩纷呈！

做一个心态平和的人

教师是一份淡泊名利的职业，但并不是没有名利可争，从先进到职称，从生源到教师搭配，从学生成绩到教师考核……这些事都可以让一些教师暂时失去平和的心态，失去原则，甚至失去理智！

殊不知，淡泊以明志，宁静以致远，只有心态平和的教师，才能在教学中不急不躁，游刃有余。毕竟，教师工作的对象是学生，工作的内容是增长才干，工作的方式是思想的交流。而任何急躁的心态，都如迅猛燃烧的烈火，会将原本充满生机的事物彻底摧毁。

什么东西能让我们的课堂充满生机？是快乐！课堂的快乐源于教师的快乐，而教师的快乐取决于教师的思维取向。生活中积极的人才是快乐的，积极看待生活的教师总是引导自己的学生也看到生活中积极的一面，因而习惯以积极的态度去学习和生活。积极的生活态度意味着向上进取的习惯，意味着更多的成功、更多的快乐。

哲学家讲过："生活像镜子，你笑它也笑，你哭它也哭。"世上就两种人：一种人用乐观的、积极的、正面的态度看世界，这种人便天天都健康，天天都高兴，天天都是"春风桃李花开日"；另一种人用悲观的、消极的、负面的观点看世界，这种人便天天都是凄风苦雨，天天都是"秋雨梧桐叶落时"。同样一个事物，如果从不同角度去看，结论就完全不一样。有这样一个故事：有一个人因为没有鞋子而痛苦至极，天天哭，说人家有鞋，自己却没鞋。可后来看到邻居孩子，才发现自己太幸福了，因为我只是没有鞋，可他连脚都没有，他却那么用功读书，学习那么好。这个故事虽然很简单，但蕴涵的道理很深刻！人们对生活状态是否满足，关键看心态是乐观的还是悲观的。不同的人生态度，绝对会影响不同的人生未来。俗话说，人生在世，不如意事十之八九，这就要我们学会自我调节，自我解压，自己解放自己。毛泽东同志说得好："自信人生两百年，会当水击三千里。"其实，人有的时候就得有点"阿Q"精神，学会自我安慰、自我解脱，学会笑对人生。

真正做到心态平和，至少应该努力从以下几点入手：

有爱心。做人最重要的，就是要有爱心。邓小平同志讲："我深情地爱着我的祖国。"作家冰心说："有了爱，就有了一切。"一个人如果有了慈爱之心，他眼中的事物就是色彩斑斓的，往往就能获得良好的心态。'

有正义感。人要心存正气，俗话说，"心存正气，可以随心所欲"，不要做蝇营狗苟之事，要做光明磊落之人。

要宽容。一个人要想做一番事业，必须心胸宽、肚量大。心胸狭窄、鼠肚鸡肠的人做不成任何事，有多大肚量就能做多大事业。现代社会，心胸狭窄、不宽容的人，往往自己会受罪，事业也必然会失败。

要勇于奉献。奉献永远比索取的快乐和满足多。李瑞环同志说过："但行好事，莫问前程。"如果总想着我教育了学生，他就必须对我心存感激，甚至把"谢谢"常挂在嘴边，如果这样，只会让自己徒增失落。

要冷静。不管遇到什么事情，保持平和的心态，把问题的处理和解决留到其他合适的时间，这样，问题就会解决得很顺利、很和谐。千万不要冲动，连小品当中都说，"冲动是魔鬼"。其实，学生和老师之间的问题，都不是很难解决的，关键在于我们解决这些问题的艺术。当我们面临和学生之间突然出现的矛盾时，首先要从矛盾中跳出来，想一想，自己要得到的究竟是什么？是和学生赌一口气，对学生的见解不予理睬，还是真正希望解决问题？

做一个诚信的人

古人云："人而无信，不知其可也。"作为一名教师，担负着传道、授业、解惑之重责，学高为师，身正为范，己不正焉能正人？诚实守信，勇于认错，对人有信，这是日常教育学生的准则，老师更应该遵守。然而，时下一些学校的教育中，却存在着许多不诚信的现象。

为了取得"优异"的成绩，在上级组织的统一考试中，教师暗示、鼓励学生采取非正常手段，甚至在座位编排上"大动脑筋"，或在监场阅卷上"做做手脚"。

为了保证公开课的"成功"，对班级进行重新组合，成绩好的学生集中在一起，成绩不好的学生只好委屈一下，背书包回家。同时，教师还叮嘱学生，不管会不会都要举手，谁回答什么问题，回答到什么程度，甚至谁故意答错，谁再补充，教师一一加以"引导"，公开课完全成了"表演课"。其实，真正的课堂教学根本不应该是这样的。

再纵观成人考场，正待晋级的人类灵魂的工程师们暂时忘记了他们的身份，交头接耳者有之，眉目传情者有之，借助现代通讯工具交换信息者有之，堂而皇之夹带"二寸"纸条偷窥者有之，他们脸不红心不跳，熟练而镇定。真可谓斯文扫地！

更有甚者，一些学校为了争得某项荣誉，编造假数字、假事件，还教学生在面对检查人员时如何去描述；为了应付上级名目繁多的征文活动，一些教师让学生做"文抄公"，或者干脆为学生"捉刀"……

且不说诚信教育本身的利弊得失，如果在不诚信的环境下，由不诚信的教师以不诚信的态度进行诚信教育，其效果如何，可想而知。

毫无疑问，诸多不诚信的现象会使学校的诚信教育陷入尴尬境地。诚信和其他道德品质一样，需要一个"润物细无声"的培养过程。这在很大程度上是取决于学生所处的环境，而不是取决于获取多少诚信的理论。

"教师，是天底下最光辉的事业！""学高为师，身正为范。""师者，所以传道授业解惑也！"……无数的定义，众多的称谓，其核心内容都阐释了教师理应是真善美的化身。教育的确是…个特殊的行业，教师肩负着传承社会文明、推动社会进步的重任，人品应成为社会的楷模、人性的标尺！苏联著名教育家苏霍姆林斯基说过："我们手中掌握的是世界上最宝贵的财富——人。我们如同雕刻家雕刻大理石那样在塑造人。只有诚实守信的人，才能成为真正的教育家。"学校是要培养德、智、体全面发展的接班人，如果培养出来的学生不讲诚信、不守信用，又怎能谈得上对社会有所贡献，有所作为呢？每一位老师都应该清楚地认识到，诚信是做人的基本原则。在教育学生诚实守信的同时，教师更要以"做一个诚实守信的老师"时时提醒自己，约束自己。答应学生的事情就要做到，要求学生做到的事情自己先做到，以身作则，以"诚"赢得学生的信任。

或许有人说，教师也是人，也有七情六欲。而老师不单单是个体的人，还是特殊的教育工作者。教书育人上，教师应以身作则、率先示范；道德修养上，教师必须守住为人师表的底线。"教师无小节，处处是楷模""形象的生命更重要"。丰子恺把人格比作一只鼎，而支撑这只鼎的三足是：思想——真，品德——美，情感——善，只有"三足鼎立"，真、善、美和谐统一，才能为人师表。

我们对待学生，要诚实，诚实是为师之本。也许我们比那些孩子聪明世故，但是我们不能因此以为可能欺骗他们，因为谎言就是谎言，迟早会被事实戳穿，这与年龄和智商无关。我们期望着诚信像金子一样散发出耀眼的光芒，我们期待着每一名教师都灿烂起来。

做一个懂得闲情逸致的人

当学生在我们的眼里成了得分的机器时，当我们在学生的眼里变得面目呆板时，学生失去了应有的单纯与快乐，在书山题海中徘徊，而教师，也失去了祥和宁静，在单调、麻木、无趣的生活节奏中，苦熬着青春年华……

这是一幅最普通的教育图景。生活和工作的压力，让师生像陀螺一样不停地旋转，在一个狭隘、封闭的围城中徘徊，越来越难以摆脱。

教师是不快乐的，他们也很难带给学生快乐。

记得小时侯，教我们的那些老师，虽然清贫，但生活得丰富多彩、有滋有味，颇具闲情逸致：有的老师爱写诗，常常在学生面前声泪俱下地朗诵自己写的诗，很多女同学也陪着抹眼泪，在老师的熏陶下，学生中也有了不少多愁善感的"诗人"；有的老师喜欢京剧，一到业余时间，就京胡一抄，小曲一拉，旁若无人地沉浸在自己的京剧世界里，让学生对生、末、净、旦、丑也有了感性的认识；也有的老师喜欢运动，一身简单的运动装，在篮球场上挥洒自如，被学生视为"心目中的偶像"；有的老师喜欢流行歌曲，在文艺晚会上总会成为主角，接受众多的学生"粉丝"热烈的掌声……

正是这些可爱的老师，让校园生活妙趣横生，让学生不仅学到了课本上的知识，还学到了书本上所没有的，却让他们受益一辈子的生活常识和人生真谛。在学生的眼里，这样的老师怎么会不可亲可爱呢？他们跟学生一样有着喜怒哀乐，有着兴趣爱好，有着自己的自由空间，有着朴实的理想和追求，有着率真坦诚的性情……

而现在的社会当中，充斥着浮躁不安的因素。生活节奏的加快，就连最平静的校园也饱受冲击。为了成绩，学校、教师和家长急功近利，擎着让学生"成才"的大旗，不惜以摧残学生心灵的健康成长和牺牲学生的读书权利来追求所谓的"成功"。不能不说，教师的形象在日益被恶化。或许我们的初衷是好的，但我们浅薄和单调得只剩下了一副枯燥乏味的说教嘴脸。由于我们自身的生活了无生趣，从而导致了学生对生活的丰富多彩、幸福祥和视而不见，导致了他们从小就感受不到生活的美好，何谈真正意义上的健康、愉悦的成长呢？

一个成功的教师应该是宁静的、快乐的。他（她）善于让毕命放弃沉重，善于在这个烦扰的世界中找到自己的闲情逸致，善于开拓自己的生活空间，走出闭塞的"象牙塔"，用多样的生活情趣、爱好不断提升自己。

人生仿佛一幅长卷的风景画，每走一步就更换一重天，每一处景致所带来的感受也不尽相同。作为一个教师，应该有着一双发现风景的眼睛，一个感受美丽的灵魂。

高兴的时候，你是否还有勇气放声高歌一曲，让情绪更加高涨？

落寞的时候，你是否还肯静静聆听舒缓或轻快的音乐，让寂寞沉淀心底？

月圆的夜晚，你是否还会一个人独自享受着月光的清凉，回味曾经的往事？

闲暇的假期，你是否还会背上简陋的行囊，到青山绿水中放飞你的心情？

……

在这个世界上，不论男女老少，不论富贵贫贱，只有懂得生活、热爱生活的人们，才会营造出更多的闲情逸致，品味到人生的苦辣酸甜。

可惜的是，我们见到的多是另一种景象：画地为牢，故步自封。在家和学校之间穿梭，起早贪黑，任劳任怨；被琐事缠身，整天疲于应付；活得没有情趣、没有滋味，三十出头，却已老气横秋……仔细想来，人生短暂，这样的活法究竟是否正确呢？爱岗敬业当然应该，但如果没有了享受生活、爱惜自己的生存状态，生命也会缺乏必要的精彩。我们应该学会工作，更应该学会生活，即使我们不能为它增光添彩，最起码也应该让它绽放自己的色彩。在无愧于工作的同时，更应该好好爱惜自己、善待自己，毕竟，拥有健康的体魄、良好的心态才是实现美好生活的前提。

在事无巨细的工作中，我们要善于偶尔地停下来，重新审视自己的生活，挖掘幸福的元素，更要重视生存中的细节过程，力争"过好每一天，享受每一天，感受每一天"，这是创造快乐的法宝。我们的心境善，事事皆善；心境美，事事皆美；心境乐，事事皆乐。管它外面阴转多云风云变幻，只要心中有阳光，就会温暖，就能战胜挫折、抛除烦恼。

看花开而笑，见雨落而喜，只有每个时刻都能感受到生活的闲情逸致，能在平凡中寻觅到无尽快乐的教师，才会给学生一种积极乐观的人生态度，从而在漫长的人生路上，走得更加轻松，更加灿烂。

做一个热爱读书的人

很多时候，我们这样来定义"好老师"：兢兢业业，勤勤恳恳，努力钻研教材并将其内容完美无缺地传递给学生，在其教导下，学生成绩蒸蒸日上。这样的老师自然得到学校领导和家长的一致赞同和推崇。

但是，若干年之后，回头再去回忆这些教师的时候，却总感觉缺少了一些什么。为什么这些教师的课大多味同嚼蜡？为什么除了埋头题海的烦恼仍萦绕心头以外，再没留下什么美好的回忆？难道，这样的教师真的是最优秀的教师吗？

一个优秀的教师，不仅仅善于传递知识，更能够善于将一颗颗稚嫩的心灵打开。那些只满足于讲授课本的老师对学生的影响显然是短暂的，只改变了我们当时的生活；而那些具有宽广的胸怀，深刻的思想，并能将其传递给学生的教师，才真正地塑造了我们的灵魂和人格，改变了我们的一生。

我们的教育一直在提倡一种"人"的教育。我们怎样进行"人"的教育呢？这种"人"的教育显然不是日趋先进的技术所能解决的。对于一个人文问题，技术解决的永远只是表面的东西。"人"的教育，本质上还是要靠"人"，要靠有相对完整人格和深刻心灵层次的好老师。有了这样的好老师，我们才能完成"人"的传递。

读书无疑是培养完整人格和丰富心灵世界的主要手段之一，对教师当然也不会例外。所以，不读书的老师想真正成为一个好老师显然是天方夜谭。

但生活在校园，不难发现一个怪现象：在这天天与书打交道的群体中，竟鲜有喜欢与书为伍的人了。老教师如此，年轻教师亦如此。不能不说，这是教育的悲哀，也是教育变革举步维艰的一个重要症结。

要知道，读书本该是教师重要的生活状态啊！

古今中外的人，所思考的人生问题是相通的。读书的时候，其实是在寻找，寻找问题和目标，寻找知音或向导。在书中你可以与千年前的哲人沟通，也可以得到万里之遥的思想者的启发。人类的精神史是一条河，不读书的人难免游离于这条河之外，会成为空洞的人、贫乏的人。而这样的人由于缺少精神力量的支持与滋润，所以会显得格外呆板和枯燥。

有人或许会反驳：我不是天天在看书吗？呵呵，看看案头堆积的各种教学参考、习题精选、优秀教例，倒也丰富。我看这是一个误区了，要知道，教师无论读多少专业书，也代替不了读读探索人类精神世界的书，丽这些书中对人生、对生活的探索似乎该是教师的必修课。

教师除了在学校里教授学生知识，还承担着构建社会精神世界的责任。教授学生的过程，就是构建社会、影响社会的过程。所以，无论什么学科的教师，都需要在哲学、历史、社会等领域有一定的造诣和学养，这样，心灵之泉才不会枯竭，精神世界才不会空洞。面对学生时，才会产生积极正确的影响。乌申斯基说："教师的人格，就是教师的一切。"很多教育问题并不是教育技术问题，而是教师的人格问题。抛去人格的构建而功利地追逐类似于教学法、教学策略等技术手段，永远不可能触及教育的本质。如果教师的人格不那么崇高了，真善美的观念不那么清晰了，那么，我们传承精神文化的使命如何完成呢？教师这种人格的形成，这种观念的净化，需要靠长期的书香浸泡和自我探求来完成。

书中教给了我们许多认识和看待世界的方法，孔子、庄子、墨子、亚里士多德、康德、黑格尔……每个人都有一套观察世界的方法，我们可以学学孔子，可以读读康德，也可以兼而有之。我们用自己的头脑思考世界，思考一切。就是在这样的思考中，我们具备了独特的个性。这不正是我们的教育所追求的吗？我们一直在积极地创建"个性"教育，如果老师不能率先成为个性鲜明的"个人"，而只是生产线的车床，还如何期望我们的学生不成为流水线上毫无个性可言的产品呢？

对于教师来说，最难的，也是最重要的，就是超越自我，汲取他人的智慧。面对神圣的教育使命，只有博览群书，才会让教师超越自我和校园的局限，才能站在人生与命运的高度来重新思索我们的教育。苏霍姆林斯基说："读书不是为了应付明天的课，而是出自内心的需要和对知识的渴求。"所以，作为一个有上进心的教师，我们应该时刻扪心自问：读书成为我的生活方式了吗？

做一个爱好写作的人

大部分教师是不愿意写作的，借口无非是工作忙。每天有上不完的课，改不完的作业，辅导不完的学生，做不完的家务活，哪里还有时间写东西呢？再说，也无写作灵感啊！每天面对的都是如此琐碎的事情，哪里有对教育问题深入思索的机会呢？没有灵感，当然也就写不出东西来了。于是，相当一部分教师在资历越来越老、职称越来越高的情况下，选择了安逸的生活状态，开始故步自封，画地为牢，不读书，不思考，更不愿意总结与写作，对新事物、新理念的理解与接受变得越来越迟钝。久而久之，平庸的"教书匠"形象就定型了。

我们总说，教师应该有点儿书卷气。要造就自己的书卷气，最重要的莫过于写作了。如果说教师的生活平淡如水，那么写作便是丰富教师内心世界，让生活变得有滋有味的调料。有人曾经提出这样一个观点："古人云，'学而不思则罔，思而不学则怠'，把这句话迁移到教师专业知识成长上，加一句就是'得而不写则庸'。"这个观点非常准确地点明了写作在提升教师专业水平，提升做人品位上的重要作用。不勤于写作，不善于写作的教师，应该可以归为平庸的教师。

不少教师没有认识到这一点。平时疏于写作，只是到了要评职称或其他急需文章的时候，才抱着功利主义的目的，匆匆炮制。这显然是不好的。写作靠的是平时的积累，靠的是厚积薄发。对普通教师来说，最初的写作就是简要记录自己的教育足迹、思想历程，是自己和自己的对话，而不一定非要为发表才写作。但天长地久，几年、十几年过去以后，这些积存下来的文字就会成为宝贵的精神财富！苏霍姆林斯基为学生写的1000多篇童话、故事、小说，还有他的许多教育札记，都是他逝世后发表的，而他生前写这些文章都不是为发表才写的。因此，教师要特别注意平时的积累，把自己思想上的火花随时记录下来。不要因为懒惰而使这些可能极为珍贵的东西荡然无存。即使是平时学校领导要求写的计划、总结等文字材料，也不能应付了事，因为这些文章很可能是以后你写某篇大文章的重要素材。而且，在这些材料的写作过程中，也能不断提高自己的写作功底，如果总是敷衍了事，连简单的材料都写不明白，不能具体、明确、文从字顺地表达自己的所思、所做、所想，那么，怎能奢求写出传世佳作呢？

作为一名教师，笔耕不辍的更重要意义，则在于它能使自己的言行和灵魂不断地获得砥砺。坚持写作，就会使我们逐渐摆脱由于平凡工作而容易出现的麻木和迟钝状态，去感受人生的色彩斑斓、丰富多彩。"世事洞明皆学问，人情练达即文章。"写作会使我们用一双更富洞察力的眼睛去认识世界，改造世界。当我们以写作的方式去捕捉教学工作中隐含深刻内蕴的现象和信息时，就会不知不觉地积累了学识，丰富了生活，深刻了思想。所以，写作能提升我们生命的质量。随着写作的不断深入，我们对教育的认识、对教学的认识也会越来越深刻。一个能够用文字把教育问题阐述清楚的教师，必然是教育教学上的高手。

教师的写作要追求自然朴实，不能故作高深。不要非把简单的问题复杂化，非把朴素的文字加上华丽的装潢。那些玩弄新鲜术语，被高深的理论所充斥的文章，不见得就有多高的档次和价值。我们去读陶行知、叶圣陶、苏霍姆林斯基的作品，去读魏书生、李镇西、袁卫星的作品，会发现，他们的文字中都有一个共性：寓真知灼见于朴实无华之中。但谁能否认他们是教育大家呢？忠实于自己生活和心灵的作品才是真正的高层次，因此，我们的写作要追求思想感情从心底自然而然地流淌，追求用最通俗的语言进行表达，追求"以我手写我心"，这样的东西才是读者喜闻乐见的，也才更容易打动别人。

写作就是把自己的期盼、思考、感动、困惑变成文字，长此以往，一个教师的气质、情怀、内心世界会慢慢地变得纯净、澄明、细腻和丰富，自然就会成为一名真正意义上的文化人了。当我们拿起笔开始记录我们的世界时，会发现，自己又站到了教育舞台上一个更高的位置。

做一个会学习的人

要学会学习。这个要求好像应该对学生说。教师要求学生勤学、会学似乎是天经地义的事，教师可以理直气壮地说：你这么不珍惜学习机会，没有好的学习习惯，不懂学习的方法，怎么能学好啊？

有没有学生反问一句：老师，您做到勤学、会学了吗？

这还真是个难以回答的问题，恐怕经此一问，很多老师会瞠目结舌，无言以对，浑身不自在，或者强词夺理：老师已经从学生时代过来了，那时候……

不可否认的是，近年来，我们的教师队伍素质在不断下滑。有的人从事了十几年的教师工作，却仍停留在起点原地踏步，收获寥寥。不要说和大师级的叶圣陶、夏丏尊们相比，就是对于新课程改革形势下的教育需求来说，这些教师也因文化结构的残缺不全而难以胜任，这已经是不争的事实了。再不去做个学习型的教师，再不去努力完善自己，恐怕就得面临被时代淘汰的危险，连"教师"这个饭碗也端不稳了。

学什么呢？

首先得了解最前沿的教育理念。新课程改革的过程中，对教育的深层次认识已经发生了根本的转变。优秀的教师应该了解并熟识这些转变，并在教育实践中加以落实。"不换思想就换人"，这是很多企业教育员工时的一个观点，恐怕这也适应新形势下的教师工作。人的态度往往受思想的引导，比之于知识的老化，观念的老化则更危险。知识的老化可以通过学习来弥补，丽观念的老化，则往往使人坐井观天，故步自封，因此，不断地更新教育观念，就显得尤为必要。

专业知识也是教师学习的重点。在学生时代所学的东西，往往已过二于陈旧。新课程下的教材发生了巨大的变化，我们原有的知识储备已经落伍。古人云："学而不厌，诲人不倦。"只有学而不厌的人，才可以诲人不倦。"教然后知困"，也只有诲人不倦的人，才能学而不厌。教学相长，要教好学生，就必须精于业务，勤于进取。

要学习就要读书。在"汗牛充栋""浩如烟海"的书籍中，学会选择相当重要，要多关注那些研究教育教学过程的书，多从简明的教育案例、教育叙事中寻求启示，可多了解教育研究中的热门书籍，有选择地来读一读，不可太盲目，"目录明，方可读；不明，终是乱读"，避免选择有误而浪费宝贵的时间。

除了向书本学习外，还要向同事学习，"独学而无友，则孤陋丽寡闻"，学习的单位由个人变为了团体，知识才能有所增进。教师必须超越自我，摒弃"文人相轻"的心理痼疾，学会相互学习，通过团体的学习来推动自身的发展。

最为关键的是，还要向学生学习。教育的过程就是师生共同学习的过程。学生也是我们的老师，教师不要自以为是万能的上帝，班上几十个学生的智慧之和，是没有哪位教师能够胜过的。放下我们的架子，虚心向学生学习，才能真正体现师生平等的内涵。每个学生都有自己的闪光点，就看我们教师如何去开掘了。有时候，学生解决问题的思路，远远比我们高明，比教科书高明。在工作中，真正形成和学生一起学习、一起成长的意识，有利于达到师生双赢的局面，何乐而不为呢？

"问渠哪得清如许，为有源头活水来。"只有学习型的教师，才能构建学习化的校园，也只有教师学会学习，才能培养会学习的学生。随着时代的发展，"终生学习"的理念应该被每个教师所接受，不要等到我们被时代的列车远远甩下的时候才恍然大悟，如果到那时候，后悔则晚矣。

做一个成功教育子女的人

经常看到身边的同事愁眉苦脸：教出了那么多优秀的学生，怎么偏偏教不好自己的孩子呢？每当这时候，我总想说，那你绝对不是一个出色的教育工作者，作为一名优秀的教师，首先要教育好自己的子女。

教师的职业有着自身的特点：为人师表，教书育人。他们是人类灵魂的工程师，社会、家长、学生对他们有非常高的期望值。他们每天都高度地运转，每天都需要在社会群体中时刻保持着作为教育者的那份社会道德规范和尊严，只有这样，他们才能赢得来自家庭、学校、社会的广泛认同和崇高的赞誉。长此以往，这些就给教师本身带来了一种精神的压迫，甚至使他们形成了职业病。当教师回到家庭，回到孩子身边，仍会不由自主地延续在学校时的角色特点，很难迅速回归到一个普通父母的身份。北师大教育学教授胡玉顺说过：教师经常把职业角色带回家，到了家中他们往往以为还在单位，手势、说话的声调也都和在学校一样，所以往往让孩子难以接受，甚至让孩子产生腻烦心理。他们则会感觉到自己不是回到了家，而是从一所学校换到了另一所学校，从一个教师换成了另一个教师，这样便会使孩子们所渴望的父母的疼爱、家庭的温暖大打折扣，这时教师还奢望孩子愿意听自己喋喋不休的教诲，显然有些不太现实。

在学校工作中，由于纪律要求、教师职业道德的约束，教师将面临学生群体产生的种种问题，这往往需要极度的耐心，常常使教师耗费大量的精力。一旦回到家，情绪放松下来，看到自己孩子的某些不足时，就常常会夸大其词地进行说教，甚至采取过激的方式，反而造成与孩子之间的隔阂，这也常常成为教师在教育孩子问题上总处于无奈状况的重要原因。

一个孩子在成长的过程中，生理、心理、情感、知识的需求是多方面的，是五彩缤纷的。它来自学校和社会，更来自家庭。对于非教师职业的家庭子女来说，学校和家庭满足了他们完全不同的生理、心理、情感、知识需求，但对于那些教师家庭的孩子来说，如果家庭始终笼罩着一种思维定势很浓的教师职业味道，那么，他们的心灵是有缺陷的，不完整的，你还怎么能指望他们成龙成凤呢？

因此，教师要想教育好自己的孩子，必须在家庭教育中少一些教师的尊严，多一些亲情的关爱；少一些教师的思维灌输，多一些亲情的情感滋润；少一份苛刻，多一份宽容；少一份批评，多一份鼓励，少一份埋怨，多一份理解；少一份烦躁，多一份耐心。努力给孩子营造一个温馨、轻松、自然的，能安全放飞自己心灵的空间。不要总把自己的孩子与优秀学生相比，以表明其不足；不要总提出不切实际的期望，让孩子觉得永远达不到父母的要求；不要因为孩子成绩不理想而怨天尤人，或故作无所谓，而应主动帮助孩子找找原因，出出主意。作为教师，不仅要能教好自己的学生，还要能教好自己的孩子；教不好自己孩子的老师，一定不会成为真正出类拔萃的老师。

和谐温暖的家庭氛围，是孩子成长的重要依托。找点空闲，找点时间，带着好心情，回家看看，让爱永驻自己孩子的心田。对一个教师的家庭而言，这一点同样至关重要。

成功地教育好自己的子女，与教师角色的成功是息息相关的。二者之间，存在着不可分割的联系。

第五章　教师要心系学生

超前的德育工作是重中之重

　　青少年正处在长身体、长知识、学做人的关键时期。他们的显著特点是模仿性强，可塑性大。五天的学校教育所形成的品德和行为，可能会在两天的社会教育影响下削减为零，甚至走向负面。等到事情发生了才引起重视和管理，有的虽然还能纠正，但却造成了难以弥补的裂痕，有的甚至会造成严重的后果。量变会引起质变，如何防微杜渐，把学生的负面发展消灭在萌芽状态，需要各教育工作者超前工作。

1．建立档案

　　德育工作档案化，可以有效地记录下学生成长的轨迹，有助于教育工作者探索学生德行发展的规律，创造性地开展德育工作。一个学校，除了要建立全校学生的德育档案外，各班也必须以班级为单位建立每个学生的德育档案。班主任在刚接触自己的学生时，就必须通过各种途径对学生进行彻底的了解。在档案上详细记录他们德行的基本情况，然后再随时记载学生在学习以及生活之中的一言一行，给德育工作提供强有力的凭据，以此分析德育工作的阶段实施导向、学生的可能发展方向，从而利用有利时机恰当地引导，促使其健康地向前发展。

2. 精心计划

我们的工作对象正处于发展阶段，好似一张张白纸。我们的工作就是要让他们在这张白纸上描出多彩的人生。稍有不慎，可能会影响他们一生的成长。因此，搞德育工作尤其不能是"走到哪里黑，便在哪里歇"。德育工作需要进行精心的计划。没有对工作的超前计划、超前安排、超前定位，就无法正常开展工作，更不要说开展好工作，因此，精心计划是育好人的前提。

德育工作计划应重在一个"细"字。首先，在《中小学德育规程》《小学德育纲要》等的精神实质指引下，德育计划应包含如下阶段计划：年度计划—学期计划—半学期计划—月计划—周计划。这虽然很复杂，但育人本身就是一个系统而复杂的工程，需要周密计划，提高可操作性，方能真正落实德育工作。其次，德育计划的内容要纲。特别是对各学生的基本情况要作彻底的分析，以此确定每个时期具体的工作重点，利于学生德行发展的活动安排，可行的、切合实际的工作措施等。再次是具体工作的开展要细，灵活实施计划，不搞形式，不走过场，要深入细致。在每次活动后能充分把握学生的外显言行，及时分析每次活动的成败得失，不断丰富和完善工作措施和内容，不断改进德育工作，使我们的工作未来化。

3．跟踪记载

教师不可能每时每刻和学生在一起，其表现情况的获得需要进行跟踪，因此，需建立一套合理的运行机制。

（1）校内

①设立班级流动监督岗，跟踪学生课余的言行表现。由监督岗的人员作好记录，教师及时反馈信息，记载在学生个人的德育档案内。监督岗应安排责任心强的学生，且相对稳定。同时强化互相监督，非监督岗的人员也可向老师反映。无论是谁的反映，教师都不能偏听偏信，应逐一落实，再逐一记录。

对监督岗的人员应先进行培训，明确职责，再上岗。尤其要提高他们对自己工作的认识。要充分让他们认识到自己的所作所为是一种高尚的行为，是为人民服务的，消除畏惧心理，杜绝人情观念，能着实将监督工作尽可能地做好。

②教师观察。监督岗可能会出现死角，在那死角里可能会有学生不良言行的滋生、蔓延。教师必须有意识地观察死角，获取真实有用的信息。

③个别谈话。个别谈话可以直接深入个体内心，更有助于直接了解学生的德行状况。个别谈话注意营造和谐的氛围，和学生建立一种平等的关系，让学生有话想说，有话敢说。找学生谈话，首先应选好地点，只有教师和学生在场。若是在办公室，则尽量选其他教师不在时进行。其次，如果教师坐着，也要让学生坐着，缓解其紧张感、拘束感。再次，教师要做到平易近人，克服咄咄逼人的气势，如此等等。个别谈话要找准切入点，做到有针对性（平时发现的问题和想弄明白的问题），切不可漫无边际。要强化鼓励，杜绝一问一答的"审问式"交谈。谈话后，及时作好记录。

（2）校外

①家访。教师需定期家访，且做到制度化、经常化，不要等出现了问题才去家访。家访不能流于形式，要能充分发挥其纽带作用，对其内容安排应心中有数，做到有的放矢。除了了解学生在家的表现之外，更多的是要了解学生的家庭环境、家教情况，以及学生所处的社会环境，坦诚地和家长交流学生学习、德行之状况，并作好详细记录。家访需做到实事求是，杜绝报喜不报忧。

②家校联系。教师的家访不会是日日皆有，所以还必须建立家校联系制度。鼓励并要求家长定期通过书信、电话或

直接到校，向老师汇报学生在家的表现及所处环境的变化，给老师工作的开展提供依据。

③访谈。学生从学校到家之间总有一段路程。在这段路程中学生的所作所为，教师通过家访是无法了解到的。曾出现过这样的事情：由于受社会不良习气的影响，学生学会了打牌，甚至在路上赌博，以致发展到偷家里的钱和值钱的东西来还赌债，造成了极坏的影响。这些往往是在东窗事发后才被教师重视，才开始对学生进行教育。所以，教师必须强化访谈这一有效形式，获取有用的资料。可访谈同路的学生队及所经过的路途上的人家，获取学生在路途上的一切表现，尤其是不良的表现，记载在档案里，发现偏离"航向"的，及时进行教育。

4．分析实施

教师掌握了丰富的第一手资料，对学生的德行表现及所处的家庭、社会环境有了整体的把握，就应及时而深入地分析学生的可能发展方向，可能会有什么样的不利发展，从而胸有成竹地开展工作，为学生的成长指明"航向"，消除负面影响。

此分析是 个精细的工作，稍有偏差，就会影响学生的正常发展。因此，可邀请班上任课教师及学校领导参与分析，力求使分析的结果准确。分析是经常性的，实施也是经常性的，其目的就是防患于未然。

学生的健康成长需要我们超前工作。每个教育工作者都必须加强自我修养，具备超前意识和奉献教育的意识，为扎实开展德育工作奠定坚实的基础。

要学会活用"木桶理论"

管理学中有个木桶理论：一个木桶由许多块木板组成，如果组成木桶的这些木板长短不一，那么这个木桶的最大容量不取决于长的木板，而取决于最短的那块木板。

如果把一个班级比作一个木桶，那么，木桶理论能给班级管理诸多启示。

启示1：提升学生的整体素质

木桶理论告诉我们：如果要盛更多的水，就要将短板接长。有语云："一花独放不是春，百花齐放春满园。"一个班级的实力往往不只取决于某几个人的超群和突出，更取决于它的整体状况，取决于它是否存在某些突出的薄弱环节。因此，班主任应善于找到最短的"短板"，分析其"短"的形式和"短"的根源（是思想上的，还是自身的知识能力缺陷等），找出其增"长"的最佳措施（是鼓励，还是方法指导等），然后引导学生沿正确的路前进，使每一个学生之"短"尽量"变长"。

启示 2：要善于培养同学之间的团结协作能力

根据木桶理论，我们不难得出这样一个结论：如果木板都是一样长，但木板与木板之间存在缝隙，那么其容量只能为零。一个班级要成为和谐发展的整体，需要"木板"与"木板"之间要配合紧密，达到"天衣无缝"。如果学生及班干部心与心之间有隔阂，互相拆台，那么，班级内就会四分五裂。所以，班主任要蹲下来，融入学生中，要善于察言观色，在与他们的交往、交流、交谈中观察班级里发生的各类现象，把握其中的问题，当好组织者、协调者，运用恰当的方式引导他们，让他们为"多装水"的共同目标而消除彼此间的"缝隙"，紧紧地"抱在一起"。

启示 3：要打造好班干部队伍

从木桶理论中我们还知道：木桶的板全是一样长，只能证明有较强的储水潜力，还需要有坚固的"桶梁"，才能将其提起，将它的潜力发挥出来。从这个意义上说，"桶梁即班干部"。班级要发展，需要有一个好的班干部队伍，否则，这桶水就会成为"死水"。狮羊效应指出：一只狮子带领的九十九只绵羊可以打败一只绵羊带领的九十九只狮子。由此可以看出，班干部是班级发展的关键性因素。班主任应让班干部们变得"坚固"起来，否则，"桶梁"不坚固，就无法提起班级这只桶。选拔班干部时，形式应多样，如自荐与学生推荐、班主任提议相结合，让真正优秀的人进入班级管理的队伍中。在培训上，应少讲大道理，让他们多参与实践，在实践中感悟，在使用中培训。"上君尽人之智。"班主任要敢于放权、授权，让他们充分发挥自己的聪明才智，自主管理班级，当然，适当的指导也不可少。

启示4：增强班缀的凝聚力

从木桶理论中我们还知道：即使有了桶帮和桶底，如果没有桶箍，那充其量也只不过是一堆木板而已，容量同样是零。这"桶箍"即班级的凝聚力。班级如果没了凝聚力，就会如一盘散沙一样，大家"各吹各的号，各唱各的调"，各行其是，会大大削弱班级的发展动力。班主任应建立一个共同的班级愿景，让他们向着同一个目标前进，对发展充满信心。同时还要施行民主管理，引导每个学生为班级的建设提出合理化建议。对好的建议给予适当的奖励（以精神鼓励为主），这样能激发他们的成就感和使命感，真正成为班级的主人。若班级及某个孩子获奖，组织全班同学用简单的方式庆祝庆祝，并使之成为一个制度。通过这样一些方式，让全体学生牢牢地拧成一根坚韧的"桶箍"，可增强班级的凝聚力。

启示5：引领孩子全面发展

从木桶理论我们还可以知道：一只木桶的水容量，还取决于不一样长的木板构成的桶底，没有桶底，容量只能为零。不仅如此，一只木桶的储水量，还取决于木桶的直径大小。"桶底"即学生的"德"和"识"，其直径即为学生"德"与"识"的广度和深度。一个班级既要和谐，更要持续地发展。在发展过程中，"水量"就会不断地增加，这就需要桶底坚固无缺，否则，"桶底"泄漏，甚至开裂脱落，就会令整个"木桶"崩溃。所以，班主任应配合学校，采用有效的方式培养学生良好的道德品质和行为习惯，同时，还要协调各科任教师，并引导学生积极配合老师的教育教学活动，学好知识，发展技能。同时，班主任要善于针对本班学生实际，搭建多种平台，让他们"龙腾虎跃"，如开展读书活动、班级达标争章活动、"星级"学生（文学创作星、科技创造星、爱心环保星等）评选活动等等。班主任要给学生梦想的天空，要给他们搭梯子，插翅膀，让他们在自己的发展道路上纵横驰骋。

班级这只"木桶"，需要班主任敢于打破常规，有效运用自己的智慧与行动，让学生与班级一道和谐发展。

教师要吃透"健康法则"

现代社会，人们的生活得以改善，"吃香的，喝辣的"也已成为无所不在的现实。正因为如此，现代人因吃喝伤肠胃、坏五脏的不在少数。有的人还因此损坏了肝、肾等而丧命。不仅如此，由于现代人生活节奏的加快，人们使用交通工具的频率大大提高了。出门办事，本来不长的路程，可一见到公共汽车（出租车），腿就软了。于是，出门必坐车。这样一来，减少了活动的时间，自然体质就下降了。为此，有人提出了现代人的健康法则：管住自己的嘴，迈开自己的腿。的确，能做到这两点，定能防止病从口入，定能通过锻炼强壮自己的身体。

学校的班级管理，虽然与"吃"和"锻炼身体"没有直接的联系，但从另一个方面看，对学生的管理也的确需要每一个班主任"管住自己的嘴"和"迈开自己的腿"。

1. 管住自己的嘴，让自己的话不带"尾巴"

在日常的管理中，我们常常会说："今天要把大扫除做好，否则的话，重做一周。""上自习课，不能随便下位，否则的话，下课节站着上。""说话要有礼貌，否则的话，自己打自己的嘴巴。"……太多太多的"否则的话"，让学生感到了一种无形的压力。在行事时，便不知道该怎么做了。而且在如此紧张的心情中做事，本来能做好的，结果却事与愿违。其实，作为班主任，说话不带"尾巴"，学生才能轻松做事，也才能把老师的要求融入自己的标准中，并尽力地去做，从而做出令自己满意的事情。我们说话不带"尾巴"的同时，最好把话换一种方式表达出来。比如："同学们，今天看谁最积极，能把扫除做好。""都说讲礼貌是我们中华民族的传统美德，我相信，我们班的同学肯定能做到说话有礼貌的。"如此，你会发现，因为管住了自己话里的"尾巴"，学生反而会做得更好。

2. 管住自己的嘴，让自己的话如春风拂面

在今天，弑师事件似乎就那么不经意地发生了。读完那些报道，在令我们极度痛心的同时，我们也不能不看到，往往是我们老师不经意间的一句话，伤了学生的自尊，以至于他们一直记恨在心，且始终不能抬起头来面对他人，面对自己，并成为他们心中挥之不去的阴影，仿佛一块大石头压在他的心头般地困扰着他。而当他们无法承受这种压力时，便通过一种极端的方式来解决。还记得这样一个故事：

在茂密的山林里，一位樵夫救了一只小熊，老熊对樵夫感激不尽。有一天樵夫迷路了，遇见了母熊，母熊安排他住宿，还以丰盛的晚宴款待了他。翌日早晨，樵夫对母熊说："你招待得很好，但我唯一不喜欢的就是你身上的那股臭味。"母熊心里快快不乐，说："作为补偿，你用斧头砍我的头吧。"樵夫就按要求做了。

若干年后，樵夫遇到了母熊，他问："你头上的伤好了吗？"母熊说："噢，那次痛了一阵子，伤口愈合后我就忘了。不过那次你说过的话，我一辈子也忘不了。"

的确如此，打人一下，只会痛一阵子，而伤人自尊的话，却会在心灵上灼上一个伤疤，且永远难以复原。所以，教育家苏霍姆林斯基指出："儿童心灵里有个最敏感的角落，就是自尊。""在影响学生的内心世界时不应挫伤他们的心灵中最

敏感的一个角落——人的自尊心。"可以说，当儿童因我们的一句话而失去自尊时，那将是多么可怕的事情。所以，班主任在教育学生时，一定要管住自己的嘴，说话慢半拍，想好了再说。说出的话要如春风一般，开启学生尘封的心灵，拂去学生成长中的阴霾，把学生推上正确前行的道路。

3. 迈开自己的腿，给学生一个榜样

班主任还要多多地"迈开自己腿"。

如今，我们似乎都在成为现代的君子，喜欢"动口"而不喜欢"动手"（迈开腿）。比如，看到不远处有垃圾，便习惯于叫学生跑去捡。而学生呢，常常是有些疑惑又极不情愿，恐怕他们心里正在想：你为什么不去捡啊？又如，看到教室里图书角很乱，常常是指手画脚地让学生去做。其实自己走过去又费不了多大的劲。类似的情况太多了。作为班主任，如何让教育潜移默化，润物无声？那就是把自己变成榜样，因为"身教重于言教"。而迈开自己的腿，虽然是极其简单的动作，却能铸就"榜样"。你在学生心中的形象会陡然高大起来，而且也会于无形中影响他们，引领他们，这是单纯的说教所无法比拟的。

4. 迈开自己的腿，成为学生的知心朋友

如何管理好班级？仁者见仁，智者见智。每个班主任也各有自己的高招。但我以为，如果与学生成为知心朋友，那班级管理势必会事半功倍。所以，迈开自己的腿，真正走入学生中，真心地与学生交心谈心，这样，就能赢得学生的心。我曾见过一位这样的班主任，他一有时间就去和学生玩或聊天。他把自己小时候玩的游戏教给学生，然后和他们一起十分投入地玩。有时也投学生所好，和学生们海阔天空地聊。而且把班上学生中出现的不良行为融入一些小故事中，让孩子们在不知不觉中受到了教育。学生上他的课都特别认真，学习效率较高，课堂作业当堂完成。尽管课后作业少，但学生该科成绩都还不错。而且一遇到学校开展活动，学生都会积极参与，效果也非常不错。我想，这正是该老师时时迈开自己的腿所带来的良好结果。

5. 迈开自己的腿，让育区不再"盲"

学生在上学、放学的途中，可以说是一个教育盲区。尤其是现今，网吧铺天盖地，各种不良现象层出不穷，这些对涉世不深的学生极具诱惑力，他们一不小心便会陷入其中，这或多或少地对他们的成长带来一定的影响。所以，班主任

应迈开自己腿，到社区去走走，访谈社区的居民，了解学生走出校门后的真实表现，从而获取第一手的班级管理资料。同时，也了解到在社区有哪些不良社会现象，并研究其可能对学生产生的消极影响，找准德育工作的盲点和有效管理班级的着力点，然后再有的放矢地开展相应的教育活动，引导学生充分认识它的实质和危害，从而避而远之，不被它"磁化"，消除负面影响。

6. 迈开自己腿，网聚教育合力

班级管理，离不开家长的配合。今天，经济条件好了，生活富裕了，可不少家长的教育方式却后退了。而且不少家长忙于挣钱，结果疏于对孩子的教育，往往使学校教育特别费力而效果不佳。所以，班主任应迈开自己的腿，有的放矢地到学生家里访访：一是充分了解家长现有的教育方式；二是和家长交流教育孩子的方法，对家长进行交流式的现场培训。力争使家长们都能获得适合于自己孩子的教育方法；三是告知家长学校的教育方式及近期要开展的活动，以求得家长的配合和支持。同时，还要了解学生的家庭环境，以及所处的其他环境，分析其对学生成长的影响，从而胸有成竹地开展教育活动。

"管住自己的嘴，迈开自己的腿"应成为班主任永恒的工作法则。因为这是班级健康向上、学生和谐成长不可缺少的正确教育行为。

刮胡子中蕴藏的教育秘密

"刮胡子"对于男人们来说，是司空见惯的事情。经常刮胡子，我发觉它与我们的教育有很多相似之处。

1. 批评时不妨涂些"肥皂水"

刚开始刮胡子，用的是手动"剃须刀"，刮起来很疼。胡子刮完，嘴就成了"猴子屁股"。后来听同事说，刮胡子时要涂些"肥皂水"才不疼。一试，果然如此。

前不久，看到这样一个类似的故事：

约翰·卡尔文·柯立芝于 1925 年成为美国总统。他有一位漂亮的女秘书，人虽长得很漂亮，但工作却常因粗心出错。一天早晨，柯立芝看见秘书走进办公室，便对她说："今天你穿的这身衣服真漂亮，正适合你这样年轻漂亮的小姐。"这句话出自柯立芝口中，简直让秘书受宠若惊。柯立芝接着说："但也不要骄傲，我相信你同样能把公文处理得像你一样漂亮的。"果然从那天起，女秘书在处理公文时就很少出错了。一位朋友知道了这件事，便问柯立芝："这个方法很妙，你是怎么想出来的？"柯立芝得意洋洋地说："这很简单，你看见过理发师给人刮胡子吗？他要先给人涂些肥皂水，为什么呀，就是为了刮起来使人不觉得痛。"

我班上有一位学生，活泼机灵，但成绩却不怎么好。每到下课，精神就来了，特别活跃，可一到上课，瞌睡就来了。老师们就他的这种状况送了他一句话：上课风能吹得倒，下课狗都追不到。批评过很多次就是不见效。有一次，看到他那昏昏欲睡的样子，我就气不打一处来，但我努力克制住了自己。我想到了总统柯立芝教育秘书的那个故事。于是，我暂停上课，说："同学们，你们知道吗？黄靖可是个很活泼的人物，你们看他下课那个架势，简直就像'孙悟空大闹天宫'，本事不错哈。我想，如果他上课也这么活泼，把那劲头儿用到学习中来，他一定会成为一个'文武双全'的人才。请同学们为这个未来的人才鼓掌。"他顿时来了精神。

以后，每次遇到类似的情况，我都会借用这种维护学生尊严的批评方法，让批评变成甜的，并进而让学生在这样甜蜜的批评中真正看到自己的不足，看到努力的方向，这样，他们行动起来就实在而有力。

2. 教育莫失了"根"

有一段时间，我的手动剃须刀坏了，没来得及去买，可胡子还在长。无奈，只好用小镊子将胡子连根拔掉。拔胡子很难受，常常疼得泪花在眼眶里直打转。忍痛拔掉了看得见的，心中颇觉高兴，因为好长一段时间，胡子都没长出来，省了一件事。细细想来，它与我们的教育不无相似之处。

我们有时教育学生其实就是和"拔胡子差不多"。比如，当着全班同学的面挑学生的毛病，体罚学生。戴着有色眼镜一成不变地看待那些曾经的差生，使他们永远低着头走路，甚至走出了一个失败的人生。

曾看过著名作家三毛写她读初中时发生的事情。

她在读国中的时候，就开始进行文学创作了。但数学测验不及格已经是家常便饭了。尽管如此，凭着倔犟和不服输的性格，她努力学习数学，终于在一次数学考试中及格了。可数学老师在点评试卷时，不仅没有鼓励和肯定她的努力，相反，当着全班学生的面，讥讽道：

"你居然及格了，你考试的时候肯定是作弊了！"听到数学老师侮辱性的评价，她很愤怒，站起来针锋相对地指责老师的无理评价。

面对来自学生的挑战，这个数学老师毫无歉意地说："如果你不承认考试作弊了，那我马上拿一套试卷来考考你，看你还能不能及格。"她也毫不示弱，"考就考！"

拿到新的试卷，她傻眼了。因为整个试卷的题目全部是她还没有学习的"解方程式"内容，她考了零分。数学老师变本加厉，把她拉到教室前面，用毛笔在她的眼睛上画了个大大的"0"，在全班同学面前示众。

国中时期的这段经历，使她倔犟的性格中增加了怨恨、漂泊、敌视的成分。结果，她在释放自己文学天赋的同时，过着居无定所、漂泊不定的生活。中学时代开始形成的倔犟、敌视、漂泊的性格，导致她一生难以收获爱情的果实。她过早地、自私地结束了才华横溢的生命。

作为教师，我们应该把握住今天，把握教育学生的每一刻；拥有一双富有爱心的眼睛，善于发现学生的优点，放大他们的优点，看到他们成功的希望，保护好他们成长中那稚嫩的"根"——自尊心和自信心，让他们永远充满活力地成长。

3. 教育要尊重个牲

后来，我买了把电动剃须刀，用起来很方便。每次都是几分钟搞定，长的、短的一齐铲平，摸一摸，手感很好，不禁对着镜子孤芳自赏一番。回想起我们日常的教育教学工作，和这种刮胡子的方式没什么两样。

有这样一则寓言：

森林里的动物们要办一所学校，学校决定开设跑步、游泳等课程，规定每个学生必须学好。鸭子是游泳高手，可跑步对它来说就太难了，它磨破了脚掌才勉强过关，可自己的游泳强项也因此变得平庸；兔子是跑步冠军，可游泳对它来说，却是难上加难，由于心理压力过大，终于精神崩溃了；鹰由于活泼好动，一开始就受到了老师们的严格管制，在爬行课上的一次测试中，他战胜了所有同学，第一个到达树的顶端，但他用的是自己的方式，而不是老师教的那种方式，因此他并没有得到老师的表扬。学期结束时公布成绩，普普通通的泥鳅同学，由于游泳还马马虎虎，跑、跳、爬成绩一般，也能飞一点，因此他的成绩是班级里最高的。毕业典礼那天，他作为全体学员的唯一代表在大会上发了言……

这，其实就是"刮胡子"式的教育，讲求的是"一刀切"似的整齐划一，培养出来的自然是缺乏个性的人才。

有人曾这样描述教育："一张课桌小天地，一位老师独角戏。一张课表定全局，一张试卷分高低。"课堂成了老师单极表演的场所，学生规规矩矩地坐着，静静地等着老师的灌输，考试自然也是煮"分"论英雄。看看我们的高考，看看现在"重奖"高考状元的现象，无不在助长应试教育的歪风。所以，尽管正在实施课程改革，由于相应的评价改革还未完全跟上，重结果轻过程的评价依然催生着应试教育的蓬勃发展。

教育就是培养个性，所以，我们应尊重学生的个性，尊重他们的自主选择和自主发展，从个体需要出发来选择适合他们的教学方法，切实做到培养个性与发展人性并重。

给生命撒下一路花香

我们所面对的学生，由于各方面原因，暂时处于低谷者时而有之，但他们心里依然充满对成长的渴望，希望得到老师的关注、关爱、关心，更期望老师走近他们，伸出沾满花香的手去拉他们一把。

1. 给无助的心灵添些暖意

开学过了好几周，小伟除了按时到校外，仍旧很少交作业，即使交上来，那作业本也是脏兮兮的，还常常没做完。不仅如此，衣服也是又烂又脏。我没少在班上批评他：你这样下去还有什么出息？你怎么就不替你的前途着想？你不为自己打算，也应该为父母着想吧？每次批评他，他总是低着头，红着脸，手不断地捏弄着他那支不知从哪里捡来的破钢笔。期中检测，小伟得了全年级倒数第一。那天我把他叫到办公室，狠狠地训斥了他一顿，直训得他伤心地哭了好久，最后抛给他一句话：我再也不管你了。说是这样说，心里却依旧放不下。

又是一个星期五下午放学，整理好一周的工作笔记后，我决定到他家去看看。经过 70 分钟的步行终于到了小伟家，门是开着的，我轻轻地走进屋，一股霉臭味迎面扑来。那是一间极其脏乱的房子，房里有两张并排安放的床，床上的被盖黑黑的，床边坐着个目光呆滞的女人。窗前地上放着一口锅，锅里还有中午吃剩的面条，那汤里看不到一丁点油星儿。地上很脏，俨然很久没有打扫过了。在一个墙角里堆着些废纸、饮料瓶之类的杂物，小伟就蹲在那里，清理着什么。突然，小伟站起身，发现了我。他赶快跑过来，搬来一张小板凳，用衣袖迅速擦去上面的灰尘，让我坐下。然后从床边牵来那个女人对我说："老师，这是我妈。"接着又对他娘说："妈，这是我的班主任老师。"他妈什么也没说，眼睛直直的，嘴里不停地说着："嘿嘿，老师！嘿嘿，老师！……"我忍住就要流出的眼泪，听小伟讲他家的事。他母亲在他满一周岁那年被一辆车撞了，司机开着车跑了。为治好母亲的伤花光了家里所有的积蓄，还欠了两万多元的债。母亲出院后，就成这个样子了。现在，父亲在离家不远的建筑工地上打工，很少回家，也很少拿钱回来，他和母亲的生活就全靠他用放学后捡废品卖得的钱来维持。听着小伟的叙述，我的心如刀绞般难受。临走时，我掏出 50 元钱递给小伟，他却坚持不要，我硬塞给了他，对他说："你的家离学校这么远，你每天还要照顾妈妈的生活，而且能按时赶到学校，真不简单。过去，老师对你关心不够，这是老师的错。这钱你就拿去买点好吃的，给妈妈改善一下生活。"

第二天，我打电话约了班上几个有钱人家的孩子，告诉他们趁双休去参加一项实践活动。到学校集合后我们一起来到小伟家。小伟没在家，可能是出去捡废品了。几个孩子看到小伟的家是这个样子，瞪大了双眼，半天说不出话来。我给他们几个分了工，准备收拾房间。可是什么清扫工具也找不到，只好让离此不远的一个孩子骑车回去拿。等那个孩子来时，小伟也提着废品回来了，他知道了我们的来意，很是感动。然后就和我们一起用了一个多小时才将屋里屋外收拾干净。几个孩子在那里嘀咕着什么，接着就跑了。我对小伟说："我去买点菜，你把炉子生好。"等我把菜买回来，那几个孩子又来了。有的带来了好吃的，有的给小伟带来了半新半旧的衣服，有的带来了学习用品，乐得小伟眼泪都出来了……下午，我带着小伟来到了他爸爸做工的地方，费尽了口舌才将他爸爸给劝了回来。我对他说："你要为孩子的将来着想，也要为自己的将来着想。等孩子长大了，会挣钱了，家里就会好过的。"临走时，他表示：争取天天回家！

后来，在同学们的帮助下，小伟渐渐学会了自己洗衣服，常常是衣着干净地来上学。作业也能按时完成，且卷面整洁。在学校教导处组织的口算比赛中还获得了三等奖。

2. 给受伤的心灵植入自信

刚上二年级的凌明，长得比同龄人都高，一双明亮有神的大眼睛水汪汪的，一看就是个机灵鬼。他奶奶硬要把他送到我这里来辅导，我实在推不掉，便收下了。

第一次来是个星期六，我算是真正领教了。读"识字一"，一个多小时没读完两遍，总是把"秋收冬藏"读成"春收冬藏"，"春"和"秋"两个字老混淆。更为严重的是，口齿极其不清，翘舌音根本无法读出来。我有些耐不住性子了，便提高了声音，这一来，他索性不读了，眼睛直盯着我，充满了恐惧。于是我改辅导数学。我先给他出了几个题："$7+8=$ $9+3=$ $4+7=$ ……"他很快做好了，我一看（$7+8=13$ $9+3=12$ $4+7=14$），心就凉了半截。我问："$7+8=13$ 吗?"他的脑袋摇得像拨浪鼓似的。"那等于多少?""12。""真的吗?"头又是一阵摇。我说："你别慌，慢慢想，到底等于多少?"过了好一阵，终于算出了结果。我又问："$9+3=12?$"这次摇得更厉害了。"$4+7=14?$"仍是不停地摇着头，眼里满是恐惧。我感觉那双充满恐惧的眼睛背后一定有故事。辅导完这三个题后，我又出了几个 10 以内的加减法，他全做对了，但只要我一问他，他马上就摇头。

下午，我决定到他家去了解一点情况。听他奶奶说，他小时候十分调皮，父母在他一岁时就外出打工了。由于农活忙，所以，凌明每次犯错误，都要挨一顿揍，有时还要跪上半个小时。上小学一年级时，是他的堂哥检查作业，只要做错了又不承认，就会得到两耳光，连续错上三次，就会面壁跪上半个小时，结果成绩越来越差，不得已，才送到我这里来。原来是不当的教育方式使他丧失了自信。

后来，我让他准备了一捆小棒，每次来就先给他出几个十分简单的加减法，算出来后，又叫他用小棒摆一摆，看是不是正确。有一次，他把作业本给我时，我说："自己算出来的和小棒摆出来的是不是一样？"他略一迟疑，然后肯定地说："细（是）的！"我又说："3 加 2 等于 5 吗？"他愣了一下，说："嗯！""真的等于吗？"结果，他又愣住了。见他没了主意，我说："你拿小棒再摆一摆。"他去做了，然后对我说："细（是）对的。"我再追问一次："真是对的？"他又不说话了，也不摇头了，愣在那里直直地地望着我，眼里含着难以名状的恐惧。我又说："在你第一次交给我之前，你不但计算了，还摆了小棒，本来已经算正确了，为什么还不相信自己呢？"后面几个答案都是正确的，我就没追问了，只是惊喜地说："全部正确，祝贺你！"我给了他 100 分，还在旁边画了一个笑脸。但从他脸上看不出惊喜，只是眼里的恐惧略微消失了些。接着便来检查他的家庭作业……休息时，我让他来跳地板砖（规格为 $60\,cm \times 60\,cm$），我说："你能跳过这块砖吗？"他直摇头。我鼓励说："你一定能跳过去，不信，你试试！"他站在砖的那边，摆动着双臂，始终没跳。我什么也不说，只是信任地望着他。大约 5 分钟后，他终于起跳了，不过差几厘米。"再试试，一定行的。"这次，他没再犹豫，摆动几下就起跳了，我马上鼓掌，对他的成功表示祝贺……就这样，他每次来我这里，我都让他玩一些简单的游戏，让他建立起自信。

一学期结束后，虽学习成绩进步不大，但他不再轻易通过摆头来否定自己了，眼里的恐惧也没有了，他脸上显示了应有的"庐山真面目"。第二学期，由于工作变动，我离开了那所学校，也不知凌明现在怎么样了。

3．给空虚的心灵种上"鲜花"

早听说五年级二班有两大"金刚"，大事不犯，小事不断。凡担任这个班班主任的，无不感到头疼。转眼到了六年级，学校让我去试试。

接手这个班，我决定首先观察一段时间再说。在我的课上，他两回答问题很积极，没见什么异常情况，作业也能按时认真地完成。我决定每天中午到教室去办公，刚开始两天还很平静，也没同学来告状。第三天，我走进教室，眼睛不时瞅瞅他们两个。一会儿，只见陆明走出了教室，接着金山也出去了。过了一会儿又进来了，然后就开始捣乱，在这个同学的头上摸一下，把那个同学的课桌碰一下，在教室里跑来跑去，肆无忌惮。我把他俩叫上来，给每个人各出一道智力题，陆明很快就解出来了，金山花的时间要长一点。见他们这么聪明，我就和颜悦色地说："不要在教室里打闹，同学们在做作业呢！"他们两个像鸡啄米似的不断点头。但我的话并没有起作用，第二天依然如此。而把他们叫到我面前，又都及时承认错误，还能说出自己错在哪里，但接下去又犯了。星期五，我到教导处调阅了前几年的检测成绩，他俩在班上都是拔尖的。我走访了原来教他们的老师，都说他俩学习上没问题，只是喜欢去影响别人，也没犯过太大的事。我也偷偷地去听了几节数学课，偶尔看到当老师转过身去板书的时候，坐在前面的金山就转过身来朝大家扮鬼脸，也许是习以为常了，同学们竟无动于衷，不过他答问题却积极而且较准确。数学老师说他俩的数学作业都完成得较好，就是上课有些不守规矩。除此之外，我也去听了几节其他学科的课，他们在课上更是活跃，常常说些笑话引得大家哄堂大笑，打断了老师上课的思路，而叫他们起来答问十有七八能答出来。

一周后，我准备选新学年的班干部。选班干部之前，我把他俩叫到办公室，针对他们的优点赞扬了一番。说他们学习好，思维活跃，如果能担任班干部，一定会有新的管理思路，能把自己的工作做好，所以，鼓励他们来参加班干部的竞选，他们也愉快地答应了。下午的竞选会上，他们竟坐在那里无动于衷。其他的岗位都至少有两个人参加竞选，只有"纪律委员"和"图书管理员"（原来的图书管理员转学了）两个岗位没有人参加。一时冷了场。我鼓励说："怎么这两个重要的岗位没人参加呢？我们班上有能力的人还多呀，比如王刚、陆明、李芝明、金山、但一斌……"一番鼓励之后，他们俩终于上台发表了自己的演说，其他几个任你怎么鼓励也不干。由于这两个岗位只有一人参加竞选，当场就确定了陆明担任图书管理员，金山担任纪律委员。陆明这个图书管理员不但把图书管理得井井有条，还在校园网上办了一个名为"享受书香"的博客网站。而金山呢，他在班上挑选几个平时有点调皮的伙伴组成六年级二班"班级常规检查委员会"，负责督查全班课间、课余的纪律，我班偶尔还能得到"纪律流动红旗"。

当我们和学生一起走过一段生命的旅程时，就会发觉每个生命的原野上都是水草丰足，充满着无限的活力。

化"尴尬"为"玉帛"的诀窍

那天因为临时有点事，赶到学校时，晨会刚开始。来不及擦掉满脸的汗水，抓起班队工作记录本就往教室冲。到了教室门外，发现门虚掩着，我径直推开门走进去。突然，"大雨倾盆而下"，接着，一个塑料盆扣在我头上，顿时，我成了一只"落汤鸡"，心中一股无名火腾地蹿上来——"要是让我查出是谁干的，看我怎么收拾你"。我心里忿忿道。我立即掏出纸巾擦头上、脸上的水，水是擦掉了些，可纸巾弄得满脸都是些"细纸条"。我赶紧拿起盆子，轻轻地将这些"纸条"掸在盆里。短暂的调整之后，我站在了讲台上。

此时，没有一个人看我。也许是冷水浇灭了我心中怒火的缘故，我决定用微笑来面对他们。"同学们，请抬起头来看着我！"只有几个同学抬起了头，还捂着嘴笑。"请同学们抬起头来看看我的发型酷不酷？看看我帅不帅？"好不容易才让大家都抬起了头。听我这么一说，大家的紧张感减轻了许多。"那大家评论评论？"

"有点酷，但酷得不自然。"快嘴牟月说道。接着，几个平时比较大方的女同学打开了话匣子。

"我感觉您用的睹喱水是假冒伪劣产品。"

"您这发型嘛，和中央电视台演小品的那个于小飞的差不多，还行！不过，于小飞上台，衣服都是干的！"

"您这帅我不敢恭维。"调皮的秦峰走到前面来面对同学们，头一摆一扬，"看，这才叫帅！老师哪敢跟我比！哼！"顿时，哄堂大笑！气氛活跃了许多。

"从老师刚才站在门口到现在，你们心里想的是什么？"

"我真想站起来阻止您，可我没来得及。"

"我不敢看，为什么偏偏是您碰上了？"

"我真想大喊一声，老师，您别进来。但又一想，进教室是您的权利。"

"我在心里恨那个同学，怎么能搞这样的恶作剧，让老师当面出丑？"

"好嘛，看来大家心中还是有老师嘛！既然这样，为什么还用这样的恶作剧对来对我？"

"不是的，听他说是要整兰凡的，没想到您比兰凡先到。"

"那你们猜猜，此时老师心里想的是什么？"

"您心里一定在想，这是谁干的？"

"是的，我想知道。你是我的知音呀！"

"您肯定想知道为什么要整兰凡？"

"嗯！"我竖起了大拇指。

"您肯定在想，这个人让我在大家面前出尽了洋相，我一定要查个水落石出，依法严惩。"

"这个你就想错了。相反地，我还要感谢他。刚才老师匆匆地来到学校，还没来得及洗把脸。这半盆水简直就是及时雨啊，让我凉快了许多。"

"您真是这样想的？"

"是呀！你们不相信我？"

"相信！"大家异口同声。

"是啊，我心里满是感谢，但我却不知道感谢谁，要是他站起来就好了。"

一阵沉默。

"唉，这'感谢'二字憋在我心里难受啊！"

终于，魏桦站了起来。我赶紧走过去握住他的手说："谢谢你用这盆凉水驱散了我心头的燥热！"魏桦红着脸不好意思地站在那里。

"能说说你为什么要整兰凡吗？"（兰凡还没有来）

"昨天放晚学时，兰凡说明天要给我一个惊喜。我当即说，也要给他一个惊喜。因为兰凡总是迟到，所以就想了这个办法，没想到把您给'洗'了。"

"哦，原来是这么回事！"我顿了顿，又说，"不管是出于什么目的，用这种方法对待自己的伙伴总是不好的。今后大家在做一件事之前要好好想一想，这样做对不对，会产生什么后果，然后再确定做不做。"同学们若有所悟地点了点头。"不过，兰凡家里很穷，他和母亲相依为命，倒真的需要我们给他个惊喜。明天就是他的生日，这是他在小学阶段过的最后一个生日，请班干部考虑一下，如何给他一个惊喜！"

兰凡那天因为母亲生病，没有来。第二天的晨会时间，在班委的组织下，给兰凡过了个有意义的生日。吃着生日蛋糕，听着《生日歌》和祝福语（有的还送了生日礼物），兰凡流下了激动的眼泪。接着，兰凡从书包里拿出一个信封，从里面取出一个鲜红的本子——省新课程作文大赛三等奖的证书。顿时，掌声雷动。此时，我真切地感受到了化"尴尬"为"玉帛"带来的巨大效应。

老师，您怎么还不打电话

小A父母长期在外做生意，他从小就和爷爷奶奶生活在一起。由于隔代抚养，他不但学习成绩不好，而且还养成了不少坏习惯。

今年，小A随父母进城做生意而转学到我班上。来到学校第一天，就迈进花坛踏坏了一些含苞的菊花，好在损坏不严重，我便责罚他课间去看管，并在早晨到校时去浇水。"菊花事件"还未平息，他又故意挑衅，和几个男生打起了群架，还打伤了一个同学的脸，受伤同学的家长都找到学校来了，可他还嘴硬。我说："那只好叫你父母来了。"没想到，他一下子就哭了起来，抽噎着说："老师……我……我……错了。他……他……他的药费我来付。"说着，就从衣袋里掏出两张一百元的钞票，"这是我的零花钱。这事你可千万别告诉我爸爸。"（事后我才知道，他在家里最怕他的父亲。）经过一番教育，他也认识到了自己的错误，事情就这样平息了。（药费130元，剩下的还给了他。）然而，好景不长。他不知从哪里弄来几只死青蛙，放在三个女生的书包里，吓得这三个女生脸色铁青，哇哇大哭。我真是气不打一处来，叫他到办公室后，当面教育他，他承认起错误来那可真像鸡啄米一样。可我仍担心他还会犯这类的错误。于是，向他要来了他父亲的手机号码，准备打电话请他父亲到学校来。"老师，别……别……别打电话，行吗?"他几乎是哀求。刚好上课了，我说："先去上课，等我有空再打。"……几周过去了，班上变平静了，我一直在"打"与"不打"间徘徊。

有一天中午，我走进教室拿我的教科书，正好发现小A举起文具盒准备打他同桌的头。我正准备过去制止，只见他一下子把文具盒摔在课桌上，气呼呼地坐下来，咬着牙，对同桌直翻白眼。我马上退了回来。

后来，我通过暗暗观察，发现小A总是在努力地控制自

己、改变自己，我想，打电话已没有必要了。有一天，小 A
抱作业本来办公室，见办公室只我一个人，便对我说："老
师，你怎么还不给我爸爸打电话呀？"我装作吃惊的样子：
"打什么电话呀？""告诉我爸爸，我在学校里常常捣乱呀！"
"你想我给你爸爸打电话吗？"他头摇得像拨浪鼓似的说："不
想！不想！一——点——都——不想！""这段时间你不是表
现得很好吗？"他低下了头，看得出，他在偷着乐。然后我
说："我是要打电话。"他迅速抬起头，眼里充满了恐惧。"我
马上就打，我要告诉他，你的儿子在我们六年级二班表现可
好了！而且最近也变得爱学习了……"我索性真的打了电话，
他一直喜滋滋地看着我打电话，直到我挂机，才高兴地离开
了办公室。

今天，我因有事，到校比较早。走进校园，远远地看见
我们班的花台里有个人影在忙活。"这么早，是谁呢？正是花
开时节，莫不是来摘花的吧？"我急忙走过去，才发现是小
A。"怎么这么早就来了？""老师，您早！"他抬起头来，"我
专门起了个早，最近气候炎热，花必须浇水才行。我爸爸说，
这样的天气必须早一点浇。""我代表全班谢谢你！"他显得有
点羞涩。"你忙，我走了！""老师，再见。"……一年来，我
们班的花坛责任区几乎是他承包了——拔草、浇水。有时他
还把自己家里的好花分一些来种在花坛里，我们班的花坛是
全校最漂亮的。不仅如此，哪位同学需要帮助，他都会尽自
己所能去帮助他，尤其是家庭困难的同学，更是他关注的对

象。同学们和他的关系也越来越好了，他在学习上也得到了同学们的帮助，在慢慢地进步。夏天，在给地震灾区献爱心时，他捐出了自己的零花钱 475 元。

而今，小 A 已顺利走出小学大门，去了一所私立中学，我相信他会越来越好的。

用爱心抚慰留守孩子受伤的心

筱晓的父母长期在外打工，她和爷爷奶奶一起生活。由于缺少父母的爱，她性格较孤僻，但却是个很懂事的孩子。都快小学毕业了，其个头还只相当于一个三年级孩子，她自己也因此而感到自卑。那年过年时，父母在回家的途中出了车祸，双双离开人世，她就成了另类留守儿童。这对筱晓是一个无比巨大的打击，她整日以泪洗面。新学期来临，她辍学了。

1. "健康是最大的成功！活着是最大的幸福！"

开学了，我走过那段熟悉的山路来到她家。两位老人看上去十分憔悴，眼睛都深深地陷了进去，一副欲哭无泪的样子。筱晓躲在里屋，爷爷奶奶叫了好几次她才出来，她显得更瘦更憔悴。我说，不管怎么样，书还是要读，不读书家里的现状更是难以改变。无论我怎么说，她就是不开口。沉默了好一阵，她走出了家门，我跟了出去。来到屋外的一个小山包上，她远望着父母的坟墓，不禁潸然泪下。我心里一阵酸楚，悲痛在寒气里凝固。天色已晚，我回了学校。

第二天是双休，我又去了她家。我带着她来到她父母的坟前上香。坐在坟前的石头上，我再一次提起读书的事。不料她说："我什么都没有了，我活着都没啥意思了，我还读什么书啊？"我没想到，一个13岁的孩子会说出这样的话。我猛然想到一个故事，然后说："我给你讲一个小故事。"

一个一无所有的人到上帝那儿述说自己的不幸。上帝告诉他：其实你是个幸福的人，与盲人相比，你有明亮的眼睛，与下肢残疾的人相比，你有健康的双足，你有手有脚，应感谢我对你的造化。努力用你的双手去创造幸福吧！这个人听了后，觉得上帝说的话有道理，有了对生命健康的感动，再也不觉得自己是天底下最不幸的人了。

"听了这个故事，说说你的看法！"

过了许久，她终于开口了："谢谢您，老师！我还拥有世上最珍贵的东西，那就是健康！"

"你知道老师的QQ签名吗？"

"不知道！"

"我的QQ签名是：健康是最大的成功！活着是最大的幸福！对于你来说，这两样都具备，你现在最需要的是用知识来充实自己，所以，你需要读书！"

顿了顿，我又说："父母离你而去了，这是件很悲痛的事情。但人死不能复生，活着的人要好好生活。假如父母泉下有知，他们肯定也希望你好好活着，好好学习，成为有用的人！"

"那好吧，我下周一来读书。可是……"

"没关系，生活费和作业本费你就不用担心了，我来想办法，你只管读书！"

2. "珍贵的东西慢慢成长"

筱晓又上学了。我组织全班同学暗暗地为她捐了一次款，加上我和数学老师的，共 150 元，算是凑足了她一学期的生活费和作业本费。

一个月后，筱晓又真正融入班集体中了，学习也很努力。期中能力检测，她考得不怎么好，看上去有些失落。记得那是个星期五，她来到我办公室。

"怎么还不回家？"

"我问您一个问题。"

"什么问题？"

"我都 13 岁了，怎么老是长不高？您看我的成绩，无论怎么努力，也总是提不起来。"

看着这个懂事的孩子，我一时不知说什么好。过了一会儿，我想到了一个办法。于是，带着她来到校园里，看那三棵矮小的银杏树。我说："你对银杏树了解吗？"

"知道一些。它的果子很珍贵，叶子可以当中药，书上说是一种很珍贵的树。"

"对！你知道校园里这三棵银杏树长了多少年吗？"

"不知道！"

"新校园建起时就栽下了，离现在已有30年了。"

"怎么长得这么慢？"

"你认为呢？"

"老师，我明白了，珍贵的东西长得慢，是吗？"

我赞许地点了点头。"那现在回家吧！"

看着她蹦蹦跳跳远去的背影，我心里如释重负。

3. "打好手中的一把破牌"

领取毕业证的那天，待同学们都走后，她又来找我。她说："张老师，谢谢您！谢谢您对我的教育和帮助。"抿了抿嘴，她又说："小学毕业后，我不读书了，反正读书成绩也差。回家帮爷爷奶奶干农活，隔几年后出去打工，挣钱养活他们！"

我说："你怎么能这样想呢？"

顿了一下，我又说："人生不是一帆风顺的。我曾看过这样一个故事，我讲给你听。"

有个小男孩叫艾克，他经常与家人一起打扑克牌。有天晚上，他连续几把都抓到破牌，就不高兴了，开始抱怨起来。母亲正色说道："如果你要玩，就必须把手上的牌玩下去。发牌的是上帝，你能做的，就是把手中的牌玩得最好。生活就是这样。"后来，艾克在遇到生活困境时，总是会想起母亲的话，总是尽力调整好自己的心态去适应环境，面对挑战。他从一个平民家庭走出，从士官成为上校，后来成为第二次世界大战时的盟军总司令，最终成为美国总统。他就是艾森豪威尔。

"老师，我明白了——我现在其实就是抓着了几把破牌。感谢您的鼓励，我一定要好好地玩下去，而且争取玩好！"

"你的认识不错！我希望你能认认真真地读完初中，多学些知识来玩好手中现有的'牌'，如果需要我帮助的话，尽管来找我。"

她带着微笑离开母校。我默默为她祝福！

后来，筱晓上了初中，毕业后就外出打工了。

读健康书籍，享书香人生

当前，诸多不良书籍充斥文化市场。当《死亡笔记》从公开销售中隐匿后，一些恐怖或鬼怪小说等又再次诱惑着不谙世事的青少年。这些不良书籍严重影响着学生的成长。我们有必要加强对学生课外阅读的引导，及时掐灭不良阅读的

"火星"，促进其健康成长。

1. 正确认识，准确导航

我们应引导学生正确认识，为课外阅读准确导航。首先，利用班会或晨会时间，有目的地组织讨论会。可围绕以下几个内容进行：在网络时代，我们还需不需要开展纸质课外阅读？在课外阅读时我们应读些什么书？什么样的书籍是不良书籍？当不良书籍出现在我们眼前时，我们该如何面对？讨论时，要让每个学生都充分地动起来，充分发表自己的看法。同时，老师也要加入到他们的讨论之中，适时引导、引领、点拨。面对认识有分歧的问题，不妨引导他们展开激烈的争论或辩论，在讨论中明理，让真理越辩越明，最终得到正确的认识。其次，在讨论中，或是日常的教育教学之中，老师还要适时、适度引入正反两方面的事例，让学生进行比较认识。或许，我们唯恐提及反面的事例，怕给学生误导。其实，这种认识是错误的。恰恰是反面的事例，我们更要引导学生去面对，去认识，让他充分认识其危害性，这样才不至于被"磁化"。

2. 深入"后方"，跟踪督查

认识终归是一种意识形态里的东西，与实际的操作还有个距离。专家研究表明：一个人要养成一个良好的习惯，得用 21 天的时间。因此，学生有了认识后，还应进行跟踪，以充分保障其养成良好的课外阅读习惯。学生放学各回各的家，要跟踪，是件不容易的事情，但办法总是有的。一是在校期间的跟踪。老师要有意无意地和学生交流，察言观色，从中发现蛛丝马迹，然后给予引导。还应发现哪些学生已养成了良好的阅读习惯，让这部分学生与其他暂时滞后的学生结对，建立课外阅读小组。一来给予"帮扶"，二来予以监督，且要求他们定期向老师反映情况。三是鼓励亲子共读，创建"书香家庭"。这一来可以激发孩子的阅读兴趣，二来也于无形中监督了孩子。然后通过家访、电话互访、校访等方式了解学生的读书情况。对于共性的问题，必要时再组织相关的活动来予以引导；对于个性的问题，则采用适当的方式进行个别引导。通过这样一些方式，可保障学生的课外阅读不偏离航向，养成良好的阅读习惯。

3．活动提速，成功相随

学生良好课外阅读习惯的养成，除了要有持续不断地鼓励外，更要通过相关的活动来为其加油鼓劲。通过活动，把走在"悬崖"边的"阅读"拉回来，给有些疲软的"阅读"加把油，给走在前面的"阅读"再提提速。活动的形式应尽量丰富多彩一些，让处于不同阅读状态的学生皆有所获，以引领学生持续地前进。一般来说，可以采用这样几种形式：

定期开展读书交流活动，让同学们交流读书的收获与心得，或者读书的疑惑。一来让大家从交流中得到更多的收获，二来可以从中发现不良阅读的苗头，以便及时予以矫正。交流时，教师要融入其中，也不妨和同学们交流自己的读书心得。如果发现有些同学连续几次交流的都是同一内容，这就应该引起重视了，更要思考其背后的问题，可能是没有再读书，也可能是读了不良的书籍，在交流时故意隐藏自己。遇到此种情况切不可马虎对待，要运用恰当的方式（如蹲下来，与他们站在同一视角，成为他们的伙伴）与学生坦诚交流，走入学生内心，自然而然地给予引领。

开展读书征文活动。这是展示读书成果、培育读书热情的有效手段之一。如内容可为——"我在课外阅读的日子里""我的课外阅读之路""我的书评""我的课外阅读心得""走在课外阅读的路上"等等。让不同的学生都参与进来，并根据实际情况设置奖项，让每个学生都各有所获，以此激发他们把良好的课外阅读持久地开展下去。

此外，还可开展"读书演讲活动"以及"班级书香课外阅读小组""书香家庭""课外阅读小能人"等的评比活动。让学生在活动中阅读，在收获中成长。

"一花一菩提，一沙一世界。"一本好书，就是一个好老师，就是一个大世界。让学生与健康书籍同行，享受美好的人生。

不要让"悦读"堕落

有段时间，走进教室的一刹那，总能听到什么"黑老大""女朋友""欧元""天鹅肉"等等一些无头无尾、没有多大联系的话语，而且还伴随有起哄和尖叫。一看到我，声音便戛然而止。

我感到很疑惑。为了弄清真相，我暗地里找来担任大队委的邬靖了解情况。没想到这个被称为"铁嘴大邬"的邬靖竟然闭口不言，而且低着头不敢看我。经我耐心细致地开导，他才说出了事情原委：班上绝大多数同学都在读什么《校园江湖——坏蛋是怎样炼成的》《大话三国（漫画版）》《大话西游》。第二天上课，我特意观察了学生上课的情况，发现有些同学竟然在上课时也拿出来夹在语文书里看，此时我才明白近段时间学生各科成绩直线下降的原因。等到学生出去做课间操时，我在学生的课桌里找到了这几本书，读了起来。

原来，《校园江湖》写的是性格内向、身体柔弱、学校有名的学习尖子谢文东在受到他人欺负，被人勒索后，觉得不能再懦弱下去，于是奋起反抗，迅速成为"老大"，建立"文东会"，此后便干尽坏事，成为了名副其实的"坏蛋"的故事。翻开《大话三国》，发现里面都是些漫画，四幅图为一个故事。我迅速看了十几个故事，感觉纯粹是在胡扯，现摘录一个如下：

　　周瑜：唉，我快要破产了。

　　张辽：破产？为什么啊？

　　周瑜：昨天又用几百块钱买生日礼物给女朋友。

　　张辽：啊？你女朋友不是上周才过完生日吗？

　　周瑜：是啊！但她每次叫我买东西给她时都说算是下次生日的礼物！

　　张辽：那昨天是她多少岁生日了？

　　周瑜：大概是108岁！

　　看罢这几本书，我陷入了沉思。学生是在快乐地阅读，可是阅读的却是这么一些与健康成长背道而驰的书籍。处于成长阶段的小学生，他们明辨是非的能力不是很强，很可能在这些书籍的引导下荒废。据报道，现在有些中学校园的暴力事件有增无减。我想，长此以往，类似的事件还可能会在小学校园发生。

　　有效的课外阅读，能补充课内阅读之不足，能增加学生的语言能力，能提升学生的语文素养，促进学生健全人格的形成。不可否认，课外阅读需要"悦读"，但"快乐"不能"快落"，不能让学生在这种快乐的阅读中很快地堕落。所以，在倡导让学生快乐阅读的同时，必须把学生引到阅读优秀的作品或经典名著（少儿版）的轨道上来。维也纳的孩子，没有一个不懂音乐，海边的孩子，没有一个不会游泳，这是环境影响的结果。所以，老师必须采取有效的方式影响他们，引领他们，让他们课外快乐阅读，健康"悦读"。

1."牵着"学生进"草场"

有人说："新课程理念下的课堂教学就是一群白羊听着你的悠扬笛声来到一个天蓝蓝、水蓝蓝、草青青的地方吃草，嬉戏……"其实，学生的课外阅读又何尝不是这样呢？作为语文老师，我们就应该打造好一个这样的"草场"，再把学生"牵引"到这里，享受"鲜嫩的牧草"。

"共读"建"草场"。引导学生进行真正意义上的课外"悦读"，教师必须营造良好的氛围。在语文教学中，我会不失时机地开展师生共读活动。每学期，我会提前读完该册语文教材，预先了解本册教材向我们推荐了什么样的课外书。然后我和学生人手一本（如《西游记》《童年》《森林报》《父与子》《绿山墙的安妮》《我的动物朋友》等等），鼓励他们在课余时间，或自习课时读读。刚开始，学生似乎没进入状态。于是，我便开展小范围的生生阅读。首先把平时喜欢读书的几个学生组织起来，鼓励他们共读一本好书。然后，要求他们和身边的伙伴交流读书心得（当然经过了精心准备），结果他们有感而发渐渐带动了周围的伙伴。于是参与进来的学生越来越多，渐渐地爱上了读这些经典的课外书。在此过程中，我也和同学们一起读，还不时和学生交流读书的感受，这在一定程度上助推了"课外悦读草场"的建立，让大家不由自主地走进了"悦读"之中。

2．尽管"牧羊"

绝大多数学生进入了"草场"，望着满眼的"碧绿"，心里尽是享受。也有极少数观望者，对他们就不必强拉硬扯了，得给他们时间。此时，我们该做的，就是尽情地"牧羊"。一方面，向他们推荐好书。另一方面，分享阅读成果，感受阅读的快乐，从而将"悦读"深入持久地开展下去。

如，在学生阅读一定的时间以后，我再引导他们摘录其中的精美片段品味、赏析、交流，让学生得到美的享受。同时将其融入到"好词好句同分享""我的心得我做主"等班级交流活动中。

在阅读《童年》这本书的交流活动课上，不少同学竞相谈论自己的阅读感受，现摘取几位同学的发言：

①马克西姆·高尔基出生在一个贫穷的木工家庭中，他童年时吃尽了苦头：幼年丧父，还受尽外祖父的虐待。我的童年生活比他好数百倍。

②高尔基周围的人怎么都那么自私、贪婪，充满了仇恨……还是我们现在的环境好，尤其是在学校，在班级里，大家都能互相帮助。

③和高尔基比起来，我的童年那说是相当地幸福了（他像小品里宋丹丹一样，故意把"相当地"一词重读，拖长，逗得大家哈哈大笑）。

④我出生在长江边的一个小村子里。小时候，常常去江边戏水，去山上采蘑菇，去草丛边追蝴蝶、闻花香，天天都是这样无忧无虑的。现在，我们一家人移民到万州，在这里快乐地学习和生活。我真是太同情高尔基了！

⑤小时候，我常常和院子里的小伙伴们一起到村头的小溪里抓鱼、捉螃蟹，然后在火上烤着吃，那味道呀，真是美。现在想起来，还流口水呢。（说完还咂巴了一下嘴。）要是高尔基能和我们一起玩，那该多好啊！

……

同学们整整谈了一节课，课后，那几个平时在课外阅读中得过且过的学生，也劲头十足地投入了阅读之中，偶尔也来和我交流他们的阅读感受。

3．保证羊儿肥，牛儿牡

当学生真正进入"悦读"的状态后，还需要培养学生良好的课外阅读习惯。除了持续不断地鼓励外，更要通过外在的活动来为其"加油鼓劲"，并进一步导向，从而把"悦读"引向深入。

比如，开展读书征文活动。这是展示读书成果，培育读书热情的有效手段。如："我在课外阅读的日子里""我的书评""我的课外阅读心得集"（记录本）"走在课外阅读的路上"等等。此外，还可开展读书演讲活动以及"班级书香课外阅读小组""书香家庭""课外阅读小能人"等的评比活动。除了精神奖励，还可辅以一定的物质奖励，如奖励好的课外书籍等。

几年下来，学生在课外阅读（悦读）中成长起来了。不少学生的写作能力也大大增强，不断有习作在各级报刊公开发表。

学会"逼"学生提升语言文字能力

新接手一个五年级班，我第一次给学生上语文课，发现这群学生中会读书、会思考、会提问和交流的没有几人。而后让他们作文，发觉只写二百多字便草草收场，事不成事、文不成文的，更是不乏其人。为此，我开始"逼"他们学语文，以提升他们的语言文字能力。

1. 逼学生课前三分钟积累

经由小组讨论、全班通过，共同确定出课前三分钟积累的内容：一句话新闻插报；好词佳句进行时；名言警句记心间；精彩演讲我最棒；天地任我行；趣编故事。

接下来，根据大家的提议和讨论，确立具体的内容。"天地任我行"和"趣编故事"实行轮换，间周安排一次，其他的每天各安排一项。"一句话新闻播报"每天安排 8 人，要求用标准的普通话清晰地播报，让大家都能听清是什么新闻；"好词佳句进行时"每天安排 8 人，每人积累两个好词或一个好句，事先工整地书写在黑板的左上角，词语则说说其意，并能选一个说一句话，并带着大家正确地读一至二遍；"名言警句记心间"每天安排 6 人，每人搜集一句名言警句，简单地讲讲自己的理解，并书写在黑板上，带着大家读一至二遍。"精彩演讲我最棒"每天 2 人，字数控制在 300 字以内，内容自己写，就学习、生活中的现象谈谈感想，或自己的读书笔记等，要求如演讲般有感情，既演又讲；"天地任我行"每天 2 人，用自己的话介绍一处风景，要能激起大家旅游的兴趣；"趣编故事"每天 2 人，故事要自己编，要有趣味性，讲故事的时间控制在一分半钟以内。

通过一段时间的"逼"，收效非常之大。无论哪一项内容都得提前准备，或读书积累，或上网查询，或自己观察、写作，然后把最精彩的内容展现给大家。积累、实践的过程，也是他们的语文能力不断提升的过程。在此过程中，他们的写作能力提高更加明显，常常是写前出口成章，落笔娓娓道来，如行云流水一般。还记得第一学期临近期末的一节课上，几个学生积累了这样几个词：诗情画意、万水千山、横七竖

八、全神贯注、纹丝不动。我刚要讲课，有位学生把手举了起来："老师，我想用今天这几个词语说一段话。"我带头鼓起掌来。

"昨天晚上，我纹丝不动地坐在书桌前，全神贯注地读《小兵张嘎》的故事。读完书，我心里久久不能平静，我想到了中国八年艰苦的抗日战争。我的思绪穿越万水千山，虽没到达诗情画意的地步，但我却仿佛看到了 1937 年 12 月 13 日南京大屠杀的悲惨景象，那无数横七竖八的尸体让我愤怒，让我痛心疾首。我一定要为祖国的振兴而好好学习。"

他说得眼圈红红的。全班同学也受了感染，掌声持续了两分多钟。

学生在参与中发现了兴趣所在，增强了自信心，原来不少处于后进行列学生的听说读写（写演讲稿）能力、搜集信息的能力提高很快，甚至有质的飞跃。不仅如此，课前的展示与自我训练又激活了学生的兴奋点，集中了注意力，大大提高了他们参与课堂学习的积极性和学习效率。

2. 逼学生自"罚"

学生常有语文作业不完成和违纪的现象。于是，我便对他们采取了新的惩戒办法——罚。

根据班上的情况，我制订了每生每期的 7 种处罚方式，每一次选择一种，已经选择了的，就不再选择了，也就是说机会将越来越少。具体方式有：①写一份较为详细的说明书，对自己的行为进行一个剖析，并交给老师保存，以备再犯时作为教育的依据，并在期末时还给本人。②用给定的 3～5 个词（课内或课外阅读中常见的词语）现场说一段话，表达一个相对完整的意思。③背 1～2 首课外积累的古诗（必须是从一年级到现在教材中没有学过的）。④讲一个课外积累的、有益的故事。⑤现场背 3～5 句课外积累的，与我们读书学习、习惯养成、人生理想等有关的名人名言。⑥对老师出示的一个小故事（与学生学习及生活有关）用一段话进行评析，可先书面写下来，再在班上念给大家听。⑦用具体的事例讲一讲阅读课外书或观察生活的感受或收获。

由于可供选择的内容是有限的，所以，他们就控制自己尽量不违纪，或按时认真地完成作业。同时，为了能在接受相关的惩罚时不至于出不了"菜"，他们便更进一步在课外阅读时多动笔摘抄，并适时进行自我训练，将其内化。如，有的学生就时常在日记本上用课外或教材中积累的好词写话，或与伙伴们讨论一些生活现象等。渐渐地，这些积累与训练便成为他们的自觉行为。有"事"做了，而相应的违规行为便大大地减少了，可谓一箭多雕。

3. 逼学生日记接力

学生在持续的课外积累中有了很大的收获，有时三五个凑在一块，讲讲自己的阅读收获、日常生活中的观察所得。但由于没有写日记的习惯，这笔宝贵的资源被浪费了。如何把他们引上路呢？经过一番了解，同时借鉴他人的经验，我将全班按座位分成三个大组，准备了三本厚厚的软面抄，便开始日记接力。

日记本每个学生掌管一天，记录自己当天的所见所思所感，第二天再传到下一个同学那里。如此循环往复。学生在日记中找到了倾诉的感觉，常常写起来便难以收笔。由于每个人在当天接手日记本时，可以尽情地阅读到前面同学的日记，因此收获很大。同时，其他同学也可以借阅学习，提升了日记的作用。渐渐地，学生在表达上便明显有了长进。

由于自己写的日记其他人也能看到，为了不使自己难堪，无形之间便促使他们力争写出精彩的日记。不少学生的日记还得到他人的赞赏，如此一来，一些学生竟自己写起日记来，水平大有长进；轮到自己获得日记"接力棒"时，便能大显身手。如此的接力，学生找到了一个又一个冲刺点，在一阵又一阵的加油声中获取了奔跑的动力和成功的感觉。

4. 逼学生人人提（答）问

一直以来，课堂成为了少数人表演的场所，多数人则在那里被动地接受，或昏昏欲睡，或无事可干。

基于此，我从引导学生课前有针对性地进行预习，至少提出一个有价值的问题人手，让每个人都参与到学习中来。在课堂上，让每个学生都展示自己的问题，并通过读书，感悟、理解自己的问题。刚开始，尽可能地展示每一个学生的问题，待学生已形成问题意识后，则在小组内展示，由组长将本组不能解决的问题在课堂上展示，共性的有探讨价值的问题只展示一个，个性的有价值的问题则都展示出来，然后引导学生通过读书来解决。同时，在课堂上力争给每一个学生回答问题的机会。简单的问题给那些从不愿举手、学习兴趣不大的学生。通过鼓励，让他们逐渐树立起信心，从而主动参与到学习之中。

学生年级高了，很看重自己的面子。课堂上被老师叫起来没有回答，或没有答对，虽然老师没有批评，只是鼓励他再想一想，但他仍觉得老是这样是没有面子的。一段时间以后，这部分学生大多能主动地举手，回答虽然不是很恰切，但毕竟迈出了可喜的一步。能主动举手，表明他们的思维处于积极的活动状态，而且由此也营造出了一种积极的氛围，使全体学生积极参与到课堂学习中来。

5. 逼学生参与语文活动

语文知识是学生语文学习之必需，在教学中也常见。教师应该借此进行一些相关的语言训练。但如果在教学中讲解，势必会把学生的感悟变得支离破碎。为了有效地结合课文内容进行相关的语言文字训练，有必要预先了解相关的语文知识。

可由各小组组织语文活动课，了解相关的语文知识。每小组一个内容，如修辞手法、病句修改、句式的变换（"把""被"字句互改、陈述句反问句互改）等等。活动课上要通过不同的形式让大家充分掌握这些语文知识。为了上好活动课，使活动课有趣、有效，各小组事先便合作进行策划，然后分工搜集材料，全体上台主持。由于大家主动积极地参与，亲历了过程，可谓收获多多。

无意的"逼"，巧妙的"逼"，"逼"出了一方语文学习的新天地，学生的语言文字能力更是进一步得到提升。

第六章　心系学校

心系 "零存整取"

校长管理学校，尤其要注重方式方法，要"有所为有所不为"。"零存整取"如运用得当，校长势必会打造一所高质量的名校。

1. 教师的过失不能 "零存整取"

"人非圣贤，孰能无过。"人是社会中的人，社会中的各项事情都在影响着每一个人，所以，教师作为一个社会人，犯错误是不可避免的。

面对犯错误的教师，校长首先应多加关注，尽可能地走近他们，与他们交流、谈心，把握错误产生的根源，从源头上找问题。或许有些原因来自社会，这就需要校长多多引导。如果来自教师自身，校长就更要对其把脉诊断，并开出良方，以避免类似的错误再度出现。让老师的错误在哪里犯，就在哪里改正；什么时候出现，就什么时候得以解决。同时，校长还要善于从医生行医中"反弹琵琶"，因为医生治病首先寻找的是病人身上的毛病，但校长应多寻找教师身上的长处。医生是揪住病人的毛病不放，校长应尽量让教师的长处发挥到极限，增强老师们的"免疫力"，降低犯错误的几率，即使犯错误也能及时发现，及时改正，并能找到根源，以便在今后的路上走得更稳健。

其次，对于教师犯错误，校长应多从自己身上找原因。是不是自己管理不够人性化，制度太过死板，决策太过武断等。要把老师的失误也当作一面镜子，照出自己管理中的瑕疵，然后有效地改进自己的管理工作。

校长对待老师的过失就应如猴子掰玉米一样，让老师们所犯的过错（特别重大的除外）如猴子掰下来的玉米一样扔在身后，让他们永远看到前方那一片明净的天空，永远站在错误的零点，愉悦轻松地跨步向前。

2. 自己工作的失误不能"零存整取"

学校发展是一个系统而复杂的工程，大小事务，方方面面无不需要校长作出决策。但面对复杂的师生群体、多变的社会，校长每作一个决策都必须慎之又慎，但尽管如此，失误仍是难免的。比如，某个老师只迟到一次，却被校长发现了。于是，一个月的全勤奖就泡汤了。然而，这个老师却是刚出医院便来到学校，为了不落下孩子们的课堂而带病坚持上班的。所以，校长对此类情况不能只看表面现象，而要找其根源，然后再作定论。

校长对于自己的失误，应不找借口，敢于承担责任，并深入剖析自己，搞清楚是什么导致自己出现管理上的失误，让类似的错误永远不再出现。为什么有的校长在校内成了人见人怕的"老虎"，其原因就是把自己看得太像一个校长，认为自己不可能犯错误，即使犯了错误也不将其放在心上。结果，日久天长，校长便陷入了可怕的错误堆里，一旦发生"核变"，就会失去民心。

校长每下一个决策，都要多方求证，全方位了解，要多站在老师们的角度想问题，切不可"孤芳自赏"，"一厢情愿"，力争降低决策的失误率。如果仍出现了失误，也绝不能让它"过夜"，绝不能把失误永远留在昨天，留在身后，要改正错误，让自己以一个崭新的面貌，轻松地站在学校下一个发展的路口。

3. 校内安全管理不能"零存整取"

近年来，校园内各项安全事故频繁发生，严重降低了学校的公信力。在这些安全事故中，极少数是属于不可预防的，如无法预料的自然灾害等，多数是可以预防的。之所以会如此，是因为领导者对安全疏于管理、"零存整取"的结果。

例如：B校长擅长遥控指挥。常常是一个个电话打到各个科室了解学校情况，各个科室也乐于以这种方式向校长汇报教育教学、后勤管理等现状。校长对汇报上来的情况综合后又发出一个又一个指令到各科室，就像"军事指挥官一样"。直到有一天，一个惊人的消息飞进了校长的耳朵：课间，两个四年级的学生由于奔跑速度过快，在走廊拐角处迎面相撞，一学生的嘴撞在另一学生的头上，门牙被撞断两颗。被撞学生仰面倒地，后面猛跑上来的学生又踩在了他的手腕上，导致该生先是摔成轻微的脑震荡，后又有腕部骨裂的严重事故发生。最后学校赔偿了医疗费等3万元。直到此时，校长才走出了他那"孤芳自赏"的办公室，摒弃了没有根基的"高屋建瓴"。

校园内的安全管理，尤其不能搞"零存整取"。安全不是小事，许多安全事故都是因为"聚沙成塔"似的逐渐累积而造成的。所以，把安全的大事看小，从小处着手，体现校长安全管理的理念和工作方式。把安全的小事看大，不仅是一种策略，更是教育的责任感与使命感之所在。校长应时常走出"校长室"，多到校园里走走。首先要深入了解学生的课间活动情况，有没有狂追猛跑等无视安全的现象，以及教师对学生的监管力度如何，均应做到心中有数。其次要仔细查看校园的设备设施、活动场所等有没有安全隐患。还要常到食堂检查卫生，以及用菜的情况等。早做工作，让安全事故无

"零存"的市场，将其消灭在萌芽状态里。

4. 个人形象需要"零存整取"

校长对外代表学校，对内要对学校实行全方位的管理。无论是对外还是对内，其个人形象都十分重要。校长个人威信的建立，没有捷径可走。因此，校长应从每一个细节着力，从每一天做起。

师者师形象。校长要求教师走专业成长之路，首先自己必须走在前面。应先于老师获取先进的教育理念，然后给老师们的专业成长以引领；先于老师们感受成长过程中的苦与乐，然后现身说法，让老师在专业成长中少走弯路，减少失误。不仅如此，校长还要以自己的人格魅力影响教师，要让老师们感受到校长不仅是他们的校长，还是他们的"老师"。"三日不读书，便觉语言无味，面目可憎。"基于此，校长应多读书，把读书作为自己日常工作中不可或缺的一部分，让读书积蓄底蕴，增加自己的底气，提升自己管理的灵气，让个人形象在读书中日渐丰满，成为老师们学习、效仿的榜样。

诚信者形象。校长诚实守信，是学校"无形的资本"。做校长是很难的，难就难在校长每时每刻都在全体师生的监督之下。或许校长一个不经意的言行，或无意之中传递出的一个不良信息，就有可能使校长形象扫地，造成自己的公信力下降。"开弓没有回头的箭"，校长每一个决策都要"三思而后行"，一旦出台，切不可朝令夕改，否则，今后的工作便多了许多路障。当年海尔从大锤砸冰箱开始，一步步实践"真诚到永远"的誓言，才有了今天的国际化大企业形象。正是首席执行官张瑞敏一步一步地打造自己的诚信形象，才打造了海尔集团诚信的形象。所以，校长要严格践行"言必信，行必果"这一名言，如要求教师按时上下班，自己就不能借着办公事之机办私事；要求教师们不能参与赌博，自己就不能坐到赌桌上。校长的诚信形象是学校诚信教育的"根"，不能马虎对待。

5. 学校发展必须"零存整取"

学校是传播文明的地方，社会的发展系于教育。不断向前发展是学校生存的根本。学校的发展体现在办学质量上，体现在教育教学质量之中。"一口吃不出个胖子来"，学校发展亦如此。那些靠玩弄花招的"浮肿"式发展最终会露出狐狸的尾巴，会在大浪淘沙中"显山露水"，被淘汰出局。学校的发展是个"千里之行"的工程，但它"始于足下"。管理者切不可好高骛远，应总结学校过去成长的经验与教训，既立足现在，更着眼于未来，对学校进行整体规划，让发展有目标。同时，还必须注意循序渐进，把目标分解，把近期计划（阶段性计划）与远景规划有机地结合起来。从小做起，落实于每一天的教育教学工作中。

"一年的学校靠运气，十年的学校靠经营，百年的学校靠文化。"在发展中，管理者应制定文化发展战略，从课堂文化、班级文化、制度文化、社团文化等入手，营造良好的文化氛围，逐步加强学校文化的执行力，让学校发展有"根"，让文化引领着学校健康发展。

6. 量化评价还得"零存整取"

在没有更先进的评价制度出台以前，量化评价对教师的考核起着不可低估的作用。不少学校在年度考核、评优选模、职称评聘等方面常常制定出较为精细、严格的量化计分制度。某个时候，或某一个阶段，老师们就拿着自己那用心血和汗水，甚至泪水换来的"本本"、百分点，到教导处或校长室来进行着"秋后的结算"。一时间，喜笑颜开者有之，垂头丧气者有之，为 0.1 分争得面红耳赤者有之，可谓是生、旦、净、末、丑悉数登场。之所以会出现这些情况，除了与老师们平时的工作有很大的关系外，校长也难辞其咎。校长除了通过全休教职工讨论制定切合本校实际的量化评价方案以外，更要给老师提供一个公平、公正、公开的展示平台，还要对教师进行引领，引领他们积极参与相关活动，在活动中提升自己的专业素养。如，上公开课、观摩课、研究课；辅导学生参赛；撰写教育论文、随笔、反思等；参加相关的竞赛等等，鼓励他们平时多"零存"，到时才有丰厚的"整取"。

7. 教师福利务必"零存整取"

　　许多学校提出了留住优秀教师的方法：待遇留人、感情留人、事业留人。为什么现在许多农村优秀教师大量涌向城市，原因恐怕就在于没有这些留人的"表达式"。教师也是社会中的人，也有着诸多的欲望，当其某些欲望无法得以满足时，他便"另攀高枝"了。

　　曾见过这么一个农村校长。在那个工资才200多元的年代里，刚上任的他每天要到总务处报销三盒两元钱的烟（这在当时算好烟）、半斤茶叶，有时还有招待费。一个月凭空报销了千多元，有时近两千元。一学期下来，给老师们发的福利却人均不足100元。有一次为了招待乡政府的书记，竟花了一百元租车到县城去买茅台酒，一顿饭，从中午吃到了晚上，花出去两千多元。一年后，有几名优秀的老师相继通过招考进了城。两年后，无法调走的老师也忍无可忍，在期末考试那天，集体罢教，跑到乡政府请求解决，终于在那个暑假把他"请"下了台。

　　学校的发展需要物质为依托，因为福利待遇也是激发教师工作积极性的一个重要条件。在这方面，校长应有"零存整取"的思想，为教师创造更多的福利待遇。首先，要广开财路，用智慧生财。校长应多渠道筹措学校发展经费，合理合法地为学校敛财。第二、要严于律己，不贪不占，管住自己的"手"。对于学校的钱，不能据为私有，一分一厘都要用在学校，或用于教师福利，以激发教师的工作积极性。第三、校长要省"吃"俭"用"，不能铺张浪费，管住自己的"嘴"。在外交上，要多用"感情"办事，尽量做到不"请客"，实在难以避免的，也尽量从"简"，勒紧裤带，不可"打肿脸充胖子"。"聚沙成塔，集腋成裘"，在教师的福利方面，校长要事事行"节约"，日日勤"零存"，让老师们看着"福利"干工作。

事物都是由小到大地发展变化着的。好事由小到大地变化会越变越好，坏事让其由小变大就会祸患无穷。因此，校长管理学校应有效施行"零存整取"法则，让与学校发展无益的事由大变小直至消亡，与学校、师生发展有益的事则使它逐渐发展壮大。

"主动出击"方为良策

校长对学校的管理切忌只坐在办公室里"孤芳自赏"。没有来自一线的意见及建议，所出台的措施及制度是没有"根基"的，充其量也只是校长的一家之言，到时因无法执行而被迫"流产"时，校长的"公信力"便丧失了，以后的"政令"便多了些"绊脚石"。因此，加强反馈极为重要。现在不少教师仍抱着"多一事不如少一事"的态度，从而造成学校

"言路不通"，基于此，校长必须"主动出击"。

1. 课堂里倾听

课堂是学校教育的主阵地，学校的教育思想、办学理念须在课堂上得以落实；学校的德育工作须在课堂教学中有效渗透；新课程改革的理念须在课堂上得到有效实践与发展。可以说，学校的发展系于课堂，校长必须走进课堂去倾听课堂的"交响乐"。

校长走入课堂，应多到有问题的班级去。不管是哪方面的问题，只要是有问题的班级，就应该成为校长常去的地方。因为有问题，说明管理中还存在疏漏。存在疏漏，就应该去深入了解，面对面接触，把握问题的根源所在，提出解决问题的可行性办法，制定相关可行的制度，有针对性地进行管理，以防止其在学校扩散，影响一大片。有问题是绝对的，没有问题是相对的。若想要找准难点的、热点的、矛盾突出的、有重大隐患的问题，不仅要亲身去现场，更要用智慧去区分，然后有的放矢地出台教学管理决策。

2. 亦公室交谈

课改初期流行一句话："新课程改革，成也教师，败也教师。"课改的成败有很多因素，把全部责任推在教师身上我不太赞同，不过这也说明了教师在新课改中的重要作用。教师是课改的具体执行者，新的理念也要靠教师在课堂上去实践、检验，不断丰富其内涵。所以，校长应常到老师办公室去坐坐，和他们交心谈心，了解他们的收获与成功。在和他们一起分享收获的喜悦、成功的快乐的同时，把握管理中存在的问题，有哪些疏漏，这是学校下一步发展的出发点。了解老师们的困惑，区分共性的和个性的问题，并把它当作课题，有针对性地和老师们进行大范围或小范围的研究，亲历解决问题的全过程，亲历学校新课改推进和素质教育落实的全过程。

经常到教师办公室去坐坐，也能得知老师中存在的消极思想，不管是基于何种情况产生的，都或多或少会给学校的发展带来一定的影响。校长应分别站在自己的立场和老师的角度来分析产生此消极的缘由，找准"病根"。如果是来自身的，那就应检讨自己的工作方法（方式），立即改进。如果是来自于教师自身或其他方面，那就应从人文关怀的角度出发，把消极因素转化为积极前进的动力，尽可能激活每一个老师潜在的能力，让学校在发展路途上少跌跟头。

3. 较园里走动

育人工作系统而复杂，校内的管理不仅在课堂上，更在课间或课余。学生的个性往往呈现出多样性。在课堂上看学生，有时可能是雾里看花，而一旦下课，脱离了老师的视线，不少学生就会无所顾忌地表现自己，说不定会闹出些什么事来。校长到校园里转转，就能观察到学生课余、课间的真实活动情况，这是有效开展学生课间管理的第一手资料。不仅如此，从中还能弄清学校教育中的遗漏，从而有针对性地开展工作，提高实效性。同时了解学生课间还缺少哪些健康有益的活动，然后督促教导处（教科室）把校本活动也纳入校本课程开发的范畴，为新课改注入鲜活的实践内容，建设良好的文化活动。更能从中了解校园里存在的不安全因素，以尽早消灭隐患，让安全伴随学生成长的每一天。

4. 学生中交流

校长去课堂听课能得到学生的学习情况，能看到他们的精彩表现，但其中可能有假象，而且他们在学习中肯定会有困惑。通常情况下，学生不愿对老师说的，他可以向校长说，因此，校长有的放矢地和学生谈心、交流，能从中反馈到很多的信息。比如，学习中有哪些困难，希望老师怎样教学，希望学校开展些什么活动，甚至还可以了解到学生中的一些不良倾向等。这些信息，是学校有针对性地开展德育工作活生生的材料，是校本教研的出发点。刘金生说："人本是母本，校本是子本，没有管理的人本，也就不会有教研的校本。"只有从学生中来，到学生中去的人本，教研才能真正成为立足课改；立足于学生发展问题的校本化，才能真正解决本校课改中的热点、难点问题。

5．老师家访

每个老师都是学校重要的人力资源，学校的发展离不开教师的辛勤工作。但或许由于这样那样的原因，有的工作得过且过，有的疲于应付，有的教良心书等等。校长应善于捕捉教师工作中表现出来的不良情绪，究其根源，多方寻找解决的途径和办法。"家家有本难念的经"，这是客观存在的，所以，这其中也有不少原因来自于教师的家庭。因此，校长应多去相关教师家里访访，实地了解他们的处境、家里的困难，能解决的尽量解决，不能解决的也可以给其引导，或一起商量解决的办法，以降低"经"的难度，这既让教师对校长心存感激，又能激发教师的工作积极性，还能以此营造一个积极向上的工作氛围，最大限度地发挥每个教师的主观能动性。或许有人会说，校长哪有那么多的时间啊？时间是挤出来的，到老师家去家访，只当是晚饭后出去散个步，或双休少休息一会儿，不会耽误校长太多的时间。到老师家去看看，送去的是校长的关爱、学校的温暖，而回报校长的是轻松与高效的校内管理。花半小时时间家访，可以大大胜过几个小时声嘶力竭的训斥。

6. 社区里走走

当今社会，不良现象很多，涉世不深的学生难以分辨，一不留神便会误入歧途，因此，学生要健康发展，离不开家庭、社区的配合。校长也需到社区去反馈情况，听听社区关注教育的人士对学校教育的看法、意见或建议。校长有时也不妨走出校门"微服私访"，看看学生走出校门后的真实表现，获取第一手真实的德育工作材料。同时了解不良的社会现象，研究其可能对学生产生的消极影响，找准德育工作的盲点和有效开展德育工作的着力点，然后指导大部队有的放矢地开展相应的教育活动，引导学生充分认识它的实质和危害，从而消除其负面影响。

校长主动出击，深入一线较为准确地发现问题，找到问题的根源所在，然后制订可行性方案，对学校进行动态的管理。唯有如此，学校才能进入良性发展。

"距离"，恰当则有"为"

在学校管理中，我们常常会看到这样的情况。有的老师与校长走得太近，而另一些教师又与校长离得太远。如因校长在一些小事处理不妥而产生隔阂，或者由于工作方法不当而被误会，亦或者由于执行制度时，一些老师不理解等等，往往会与校长产生距离。不管是近距离或是远距离，都会给学校工作带来一定的影响。那么，校长如果在自己和所有老师之间找到一个合适的距离，定能使管理有"作为"，学校发展才会和谐而高效。

1. 亲而不近

在一所学校，总不可避免地会有人与校长有或近或远的亲属关系。这类人，仗着与校长关系近，有的可能会向校长打小报告，有事没事地说这个的不是，说那个的不是。而且在给校长提供信息时，还常常带着主观色彩……这会影响校长的判断，有时还会使校长因此而作出错误的决策。那么，面对此类人应该怎么办呢？我认为，管理者应对他们保持"亲而不近"的距离。

校长首先应让自己保持清醒的头脑。深入一线，擦亮自己的眼睛，实实在在地了解情况，对相关的言语进行查证，综合分析来自校内方方面面的信息，用智慧辨别真假，认清楚身边的人，把握他们的心理，清醒地实施管理。

校长对于自己身边的这些人，千万不能走得太近。如果校长时不时地与他们一起喝酒打麻将，生活与工作不分主次，渐渐地就会失去威严。而且这些人还可能因为是校长的"皇亲国戚"而在教师面前耀武扬威，严重损害校长的形象。如此一来，在校内就会出现"政令不通"的情况，管理将会陷入尴尬的境地。所以，适当地和这些人保持一定的距离既是一种管理的策略，也是管理中有"礼"与有"法"之间的一座人性的桥梁。

2. 疏而不远

　　不管怎么说，在学校内部，也总有一部分人，因为看不惯校长与自己有隔阂的人走得太近，或者不满意学校出台的某项管理制度，或者曾与校长有某方面的过节等等，从而与校长"相距"较远。在这类教师中，有"能人志士"，但另一些人，也并不是一无是处。如果管理者能把他们的能力和水平发挥出来，学校的发展将会是"快马加鞭"。所以，对于这类人，从管理思想上来认识的话，就应该做到"疏而不远"，让不管是何种能力，或是何种心态的人都能以学校发展为重，从而增强团队的凝聚力。

　　因此，对与自己相距较远的教师，校长都应该想到，无论是何种原因造成的，既然走到一起，便工作在一起，就须心在一起，欢乐在一起，成功在一起。校长应以学校发展为重，想方设法深入到这类群体之中，放下自己的架子，真诚地去以心交心。当他们有事需学校解决时，应在原则范围内尽力解决。平时相逢时，点头微笑以示尊敬，不要疏远他们。同时，心里时时对他们的工作心存感激，做一个有"德"的校长。真正实现以德感人，以德服人，以德引人，以德聚人的良好局面。因此，管理者唯有实实在在地走入他们的内心，关注其内心的需要，并能合理合法地满足他们的需要，才能激发他们工作的内驱力，让管理工作游刃有余。

3. 咫尺天涯

在一所学校里，有一些人工作进取心不强，却又时不时地相伴校长左右，尽说些"甜言蜜语"，和校长套近乎。他们的目的很明显，无非是希望校长不批评自己，还能给自己安排轻松一些的工作，甚至还想从校长那里捞取点什么好处。如果校长真的人了他们的"埋伏圈"，就会在工作上给他们一些方便，渐渐地，他们会得寸进尺。这样一来，势必会给其他教师带来不良的影响，让他们丧失工作的斗志。

作为校长，要多多反思，琢磨清楚这些人的意图，同时，也要实事求是地审视自己，不要被那些好听的言语迷惑。所以，校长对这类人，不能迁就，要严格按学校规章制度行事。对于工作的安排，一切根据学校的发展规划，从这些教师的个性特长出发，该怎么安排就怎么安排。起初，对他们，如果路遇，可"形同路人"，于无形中给他们敲响了警钟：校长不买账，工作得好好搞才行！至于以后校长如何与他们保持距离，则视他们的工作情况随机应变。

4. 主动靠近

在学校里，总有这样一部分教师，他们工作积极，善于读书，并能在工作后深入反思，偶尔还能写出点东西来，可他们每天沉默寡言，极不善于与人交往，更别说与校长交流和沟通了。这些教师往往能给他人以榜样的力量，而且因为沉默寡言，老师们有什么事，对学校管理的不足，以及教育教学的问题都会在他们面前毫无顾忌地说出来。这样的老师能掌握一些一线最有说服力的事实，能给管理者的决策提供最为有效的参考依据。

对于他们，校长能做的，就是主动靠近他们。当然，首先得对他们作一些充分的了解，清楚地了解他们的嗜好，他们的需求，找准靠近他们的切入点。同时，靠近他们要注意选择场合（尽量单独进行，免得曾经在他面前说过学校领导不是的教师会与他们产生矛盾，疏远他们，让他们难堪），把握好时机，让他们感觉到校长是偶然与他们交流，而不是特意安排的。这样，校长才能在融洽的氛围中了解到真实的信息。同时，校长在与他们交流时，对他们的工作应给予充分的肯定，对他们善于反思和写作给予鼓励，鼓励他们把自己写的东西投到教育报刊去。由于主动靠近他们，他们会从校长的鼓励中获取更大的前进动力，从而把工作干得更好，给其他人以示范。

5. 若即若离

在学校，有一些青年教师，他们工作能力特强，或课堂教学，或班级管理，或教育科研，都能独当一面。而且他们的水平，不但能得到学生的敬重，还能得到同事的赞赏。可是这类人，却往往自视清高。对学校领导的教育教学工作或临时性的工作安排都不买账，有时甚至还和学校领导对着干，对学校领导工作中的疏忽会在大庭广众下直言不讳地提出来，完全不顾及领导的面子。但不管怎样，这类人是学校发展的中坚力量，他们的潜力不可小视。

对于这类人，校长要大度，抛弃前嫌，淡化"恩怨"，要以学校发展规划的实现为重，不能把他们视为"眼中钉，肉中刺"，不能以"除去"他们而后快。所以，在工作上，校长要尽量听听他们的意见，给他们安排合适的岗位，让他们的才能尽情地发挥，为学校发展驶入快车道而加油出力。当然，由于他们无视领导，给领导难堪，有些时候（不涉及学校工作时），可与他们保持一定的距离，让他们对校长捉摸不透，也就是不能让他们抓住校长的软肋。

孔子说："远之则怨，近之则不逊。"这向我们道出了在一所学校，管理者与老师们要保持恰当的距离是不容易的。的确，管理者与教师怎样保持距离，保持多远的距离永远是一个值得探讨的话题。但不管怎么说，只要是深入人心的管理，能激活绝大多数或全体教师工作激情与欲望的管理就是有"为"的管理，所保持的距离才是有效的。

化危机为"玉帛"的安全管理能力

近年来，安全事故无时不在困扰着学校。这些安全事故常常使学校陷入危机之中，严重损害了学校的形象。人们把安全问题视为洪水猛兽，该组织的活动不组织了，必须要开展的，也只能象征性地开展一下。可以说，不少校长在管理中都唯恐出现安全事故。其实，如果校长们在日常管理工作中不断提高安全管理能力，就会化"危机"为"玉帛"。

1. 超前感知事故的能力

A校新做了一个不锈钢阅报栏，下面是空着的。校长在巡视校园时，发觉下课后低年级的小朋友爱在阅报栏下面钻来钻去。"有没有危险呢？"他心里想道。于是，他马上蹲下去看，发现每个接头处电焊工焊接后还没有打磨，很容易刮伤人。于是，他赶快通知总务主任派人将其磨平了。

安全管理上的"超前感知事故的能力"，不仅是一种直觉，更是一种对学校安全工作的全局把握能力。校长应经常带着思考，带着研究到校园里走走，去"找"事故。如：有没有狂追猛跑（或做危险性游戏）以及教师的监管力度如何；门卫是否坚守岗位，有没有可疑人员进学校；午休时学生的活动状况；校园里的设备设施（运动器具、消防器材、避雷设施等）、建筑物的完好情况；食堂卫生状况，食堂管理人员有没有严把食品准入关，有没有"人情菜"进校园；校内安全制度执行情况如何；更要走出学校，查看学校周边地质情况（天降暴雨时会不会有洪水、泥石流等）……然后根据所掌握的信息进行综合分析，分析可能会有什么样的不利发展，从而超前感知可能出现的安全事故，早做工作，斩断事故的"根"。

2. 善于掐灭事故"火星"的能力

有一次，临近中午时突然下起了大雨。大多数学生没有带伞，只能跑着去食堂吃饭。校长由于下午要出差，提前到了食堂。吃完饭回来，刚要到教学楼的拐角处，就有两个学生相撞，所幸的是，都没有撞倒对方。他赶快站到那里，给来往的学生当个临时"交通"指挥员。他又猛然想起进教学楼的另一个地方也有可能发生此类事故，赶快打电话通知副校长端着饭站在那里指挥，避免了事故的发生。

校内事务，纷繁复杂，安全管理也总有没顾及到的地方，在那里就极可能有安全事故萌芽，如果不及时加以控制，发展下去就可能是要命的"大病"。因此，校长要充分熟悉校内外各项与安全有关的事项，经常思考自己的安全管理工作还有哪些是可能没有顾及到的，想到了要亲自去查看有没有事故的"萌芽"，如有的话就及时采取措施"斩草除根"。在安全方面，校长要有"听到风就是雨"的思想，要善于"捕风捉影"，宁可信其有，不可信其无。信其存在，才不至于生出无所谓的态度，也才会对此采取积极的行动。不仅如此，校长还要善于尽可能考虑全面，让事故在刚燃起"火星"时就将其掐灭。

3. 果断有序处理事故的能力

有一所中学，共有学生 2500 多人。那是一年的国庆长假放假之时，老师们布置好了作业，班主任强调了回家路上及假期中的安全后，学生离校了，教师则集中开会。约摸半小时后，校长接到电话：15 个学生搭乘的一辆三轮货车翻到了路边的沟里。校长迅速带领所有班主任赶往出亨现场，并拨打了镇卫生院的急救电话。分管安全的副校长也立即拨打了派出所的电话。几乎同一时刻，派出所、医院救护人员及学校一行人均到达出事地点，立即展开施救工作。幸好离医院不远，所有出事学生均迅速地被送往医院。由于施救及时有序，除司机经抢救无效死亡外，15 个学生中，有 3 名重伤学生经抢救脱离危险，另有 4 名学生受轻伤住院，其余学生都无大碍，当即就出了院。校长也立即向上级主管部门反映了此事故。

无论工作做得多么到位，但"天有不测风云"，总有难以避免的突发性事故发生。"每临大事有静气！"在安全事故发生时，校长要沉着冷静，果断有序地处理，避免事态继续扩大，尽量把损失降至最低。要锤炼这种能力，校长首先应根据学校实际情况布置相关的安全教育实践活动，开展一些相关的演练活动，并亲身参与其中，培养自己指挥若定的能力，真正成为学校安全管理的主心骨。其次，校长应根据学校实际，周边相关条件，制定较为完善的学校安全事故处理应急预案，从而建立起有序的安全管理体系，使事故处理工作步入科学化、规范化的轨道。

此外，校长还应培养自己对安全事故的敏感性、警惕性和预见性，让自己在化解学校危机时能做到游刃有余。

推门课应四"备"

课堂是学校教育教学的主阵地；是落实素质教育，推进新课程改革的主阵地；是教师和学生共同成长的主阵地；是落实学校办学理念，升华校长办学思想的主阵地。所以，课

堂是值得校长倾力关注的地方。而听推门课不失为一种有效
的管理方式。但这个"门"如何推？怎样"推"才能真正发
挥它应有的作用呢？下面以 A 校长为例谈谈如何听推门课。

1. "备"计划

大教育家苏霍姆林斯基说："只有当学校领导人掌握了足
够的事实和进行足够的观察时，才能在教学和教育过程的这
个领域里达到工作的高质量。"教师是学校重要的人力资源，
是发展学校的根本保证。校长应引领教师从课堂上真正成长
起来。所以，校长首先应有计划地进入老师们的课堂，对每
一个教师的现有教育教学状况，尤其是还存在哪些较为突出
的问题有充分的了解。然后再有针对性地制订出一个详尽的
"推门听课"计划（有时也不妨集中安排一个章节的系列听课
计划），按计划去推门听课。为了真正发挥推门听课对教师的
发展作用，校长要根据推门听课的情况适时调整自己的听课
计划。

A 校长是个刚上任的年轻校长，上任之初，他便给自己定
下计划，每天必须听 4 节课（如遇耽搁或出差，事后一定补
上），每两个月把所有老师（根据情况，可能会连续听某些或
某个老师的推门课）的课听一遍，从中找出学校目前推进新
课改、落实素质教育中存在的问题，并通过与老师们的交流

促使老师们不断改进教学方法，并把本土的先进经验变成集体财富，供全校教师有的放矢地选择运用，以不断丰富和发展这一"集体财富"的内涵。

2. "备"教师

每一个教师都有其个性特长。校长听课前应多方面了解该教师的状况，然后再去推门听课，看该教师的特长是否在课堂教学中发挥出来了，是否在用自己的特长为教学服务，为学生的学习及发展服务。这是校长以此激发教师成长的切入点。

B老师擅长演讲，朗读很有感情。A校长了解到她要上《十里长街送总理》这一课时，便去听课。结果，B老师并没有发挥她的这一特长来引导学生入情入境地朗读，学生的情感未能很好地被调动，效果不怎么好。课后，校长与其进行了交流，给予了引导。第二周再去听她的课，有了明显的好转。

3. "备"学生

学生是学习的主体，一堂课的成功，不在于教师教了多少，而在于学生学了多少。不在于教师表现得多么精彩，而在于学生学得是否积极主动，思维能力是否得到了真正的发展等等。所以，校长应通过访谈、学生作业状况等途径全面了解学生学习的特点。推门听课，就应多多关注学生的学习状态，关注教师的教法是否有利于学生的发展，从而给老师以有效的引领。

A校长听C老师的推门课，发觉学生在课堂上思维活跃（与他了解的一致），但C老师却放弃了学生的一些新奇的解法。如"66－29"的计算，教师只满足于竖式计算的讲解。好几个学生举手了他都没有理睬，而是按部就班地进行着他的教学。课后，A校长问了刚才举手的其中两个学生。一个学生说："我是先算 $66-20=46$ ，再算 $46-9=37$ ，所以 $66-29=37$ 。"另一个学生说："我是先算 $66-30=36$ ，再算 $36+1=37$ ，所以 $66-29=37$ 。"校长表扬了他们："真聪明，方法不错。今后遇到这样的题就照你们的方法来计算。"随后与C老师交流时，给他指出了这个问题，要求他上课时要多多关注学生。第二轮再听C老师的课时，发现他更多地关注课堂生成，课堂互动增多了，学生的主体性及思维能力都得到了发展。

4. "备" 教材

"外行看热闹，内行看门道。" 校长听推门课，如果不熟悉教材教法、教学目标，不熟悉相关的教学理念，那也只能是看看表面现象，对老师们起不了真正的引领作用。所以，校长听推门课之前也要先熟悉教材，率先在大脑中把课备一遍，有目的地学习与本节课有关的理论知识，并思考一下本节课该如何体现这些理念等，然后，再去听课，这样才会听出门道来。

A 校长听 D 老师上《太阳》一文时，看到她先拿出事先准备好的太阳挂图，然后问学生知道太阳有什么特点？学生说太阳很大、很热，离我们很远。她又问，太阳和我们人类有什么关系？学生说关系很密切，没有太阳，就没有地球上的一切。她说，太阳到底有多大、多热，离我们有多远，和我们人类的关系到底有多密切？要了解这些奥秘，今天来学习《太阳》一课。接着，她就利用这一些数据和事例把太阳的特点以及太阳的作用等讲得清清楚楚，学生也听得明明白白。最后，她还开展竞赛活动进一步巩固这些知识，学生回答踊跃，课堂很热闹。听完课后，A 校长发觉整堂课没有引导学生真正地参与进来，学生只是一个被动的听众，也没有表明自己观点的机会。整堂课成了科学知识的讲解课，失去了"语文味"。课后，A校长根据自己的学习及本节课的问题就"如何突出学科本位与学生主体"对她进行了引导，使D老师获益匪浅。

　　校长推门听课，其目的是要全面把握老师们目前的讲课状况，以获取有用的信息为下一步的管理服务，智慧地改变自己管理的路线。所以，要有"备"而推，要带着研究去推，更要将此形成一种制度，一种文化，如此，才会避免许多尴尬，并能推出一片新天地。

别把"问题"扔在路上

　　曾看到过这样一个故事：

　　有一个登山队在攀登喜马拉雅山，攀登到一半的时候，发现了另一个登山队遗留下的一名奄奄一息的队员。这时，这个登山队队长要作一个决策：我们这十几人已经走到半山腰了，把这个人抬下山去，就会破坏我们的登山计划，还是把这个人留在这儿？因为这个人不是我们队的。

　　思考：
　　在登山过程中，只要遇到有人受伤，无论是自己队的，还是其他队的，作为队长来说，应有本能的反应：救人！作出决定之后就积极地展开施救工作。如何施救呢？可以考虑让身体更强壮的人送其回去医治，其余的人向着目标继续进发。可能的话，把伤员送回去安顿好了再返回，赶上登山队伍。而最好的办法是取消这次登山活动，全力以赴救人。因为，生命于人的只有一次，而登山活动今天取消了，明天或以后都还可以进行，机会总会有的。

以上故事中所遇到的那名"奄奄一息的队员"便如我们教育教学、学校管理中存在的"问题"，解决好这些"问题"，我们便会赢得精彩的发展。

1. 解决"问题"是增强凝聚力的前提

"救人"，体现一个领导者对下属（队员），对他人生命的积极关注。这次救人，也能给本队的队员一个积极的信号：倘若今后自己的生命受到威胁时，队长也肯定会积极采取办法施救的。有了这个认识后，他们都会毫无后顾之忧地融入团队之中，从而增强团队的凝聚力，为团队发展奠定基础。

A校长新到一所学校上任，发觉学校虽然硬件设施很好，可学校却如一盘散沙。更有甚者，由于管理存在疏漏，时有老师将学校的一些物品据为己有，带回家里。有一天，A校长出差回来，正赶上下午放学，一群老师走出大门，他发现一位女老师抱着学校的一个精美石英钟准备带回家，他随即来到这位老师面前，说："你这钟真漂亮，能卖给我吗？"女老师顿了一下，红着脸说："校长喜欢，就拿去吧！""不，不，我得给你钱。"说着，从口袋里掏出150元给了那位老师，然后抱着钟回到了学校。第二天，大家发现，校长"买"回的那个钟挂在教学楼门厅的墙上。那天放学后，那位女老师拿着150元钱来到校长办公室："校长，对不起，那钟是学校的，我现在把钱还给您。"她放下钱就走了。后来，校长听总务主任说，年终清理学校校产时，学校98%以上的物品都还在，与上学年的57.5%相比，物品"回来"了不少。A校长马上发出指示：将现有物品归回保管室，老师们需要时就借，期末归还。这样一来，确保了资产不流失。而更让A校长感到欣慰的是，老师们似乎都在为着学校的发展着想，创造性地开展教育教学工作，为学校出谋划策（"校长信箱"里常有老师们的意见和建议）……

可以说，在一些老师身上，"恶"欲（置学校财产于不顾）大于"善"欲。A校长完全可以指认那位女老师的"小偷"行为，但心中的"仁"（对人及人性的尊重）使他放弃了这个念头，并用"买"的方式既保住了学校的财产，又为其解了"围"。由于有多数老师在场，他的这一行为，使多数人看到了校长的"仁爱"，看到了校长对"问题"机智而巧妙地处理，从而才出现了学校财产纷纷"回来"的良好局面。

可以说，在老师们身上，"善"与"恶"总是存在着的，而且无时不刻地在牵引着他们。管理者不能想当然地开展工作，应对教师的"善恶"欲望有一个全面而整体的把握。不要过分地揪住其"辫子"不放（即"恶"的欲望，也即"问题"），而应通过巧妙地手段将其融入"善"的境界中，使之有效地转化。即使不能转化的，也要建立合理的制度将坏风气遏制住，使其不再发展。

一把水果刀，可以削水果，也可以杀人。一个教师，他有善的一面，也有恶的一面。管理者应练就抓住"问题"（"恶"的一面）关键的眼光，并提高自己解决问题的能力，从而使全校教师都心系学校发展。

2. 解决"问题"是提升自我的保证

有一位登山者，在途中遇上暴风雪。他深知不尽快找到避风处，非冻死不可。他走啊走啊，腿已经迈不开了。就在这时，脚碰到了一个硬硬的东西，扒开雪一看，竟然是个快冻僵的人。登山者犯难了：是继续向前，还是停下来援救这个陌生人？心里翻江倒海之后，他毅然作出决定，脱下手套，给那人做按摩。经过一番按摩，陌生人可以活动了，而登山者也因此暖和了自己的身体。最后，两个人互相搀扶着走出了困境。

　　这位登山者在登山过程中遇到了问题，这问题绝对能让他的生命从此在世上消失。然而，在帮助另一位登山者的过程中，自己也暖和了身体，从而一起走出了困境。

　　在一所学校里，不管是哪方面的"问题"都不同程度地存在着的。校长不要回避这些问题，要敢于面对，想办法去解决，因为在解决问题的过程中，你会积累一些经验，在新的问题出现时，你已有了经验，就会有新的办法。

　　H是一所新建学校的校长，该校教师都是各地选拔（招考）来的精英。由于每个人带来的都是自己原来学校的文化，一开始似乎不兼容，真可谓问题多多，H校长管理起来相当困难。但H校长没有放弃，他花了一个月的时间与所有老师交心谈心，还通过听课和观察的方式了解每个教师。然后在此基础上提出了"文化立校、素质立身"的办学思想，并得到了大家的广泛认可。仅三年时间，该校就发展成为当地的名校，现正在向省级特色学校的目标发展。而H校长也由此积累了宝贵的经验（特别是在学园文化建设方面更是如此），并成为了"全国千名骨干校长培养对象"和"省级百名骨干校长培养对象"。

　　解决问题是一个过程，也是一种思维，更是一种策略。在解决问题的过程中，校长的管理智慧、管理能力一定会得到不同程度的提升。毫无疑问，在成就他人的同时，也成就了自己。

3. 解决"问题"是提升教师素养的助推剂

在学校管理中，对于老师们来说，有"问题"也是很正常的。管理者不能只顾"管"，更重要的是要"理"。面对这样的老师，首先要理出其"问题"产生的背景，查找问题的根源，然后再用管理之"理"（管理者的思想、智慧）引导他们，引领他们融入集体之中。除此之外，还要加强团队整体建设，营造积极的氛围，让"问题"老师逐渐增强自身的"免疫力"，从而自觉斩除自我"问题"的"根"，切断"问题"的"源"，以更好地发展。

还记得这样一，个案例：

M老师原是Z校五年级数学教师兼班主任，因痴迷于电脑、网络，经常误了备课、上课或批改作业。一学年下来，班级管理得一塌糊涂，教学质量一落千丈，学生、领导、同事怨词颇多。迫于各方压力，M老师只得申请调动，但却到处吃"闭门羹"。正当他"走投无路"之际，B校的C校长却不顾校内教师的强烈反对，将其收至麾下。新学年开学，C校长让M老师任信息技术课专职教师兼电教设备管理员。明确提出，M老师只要将全校每周的12节信息技术课上足上好，此外的空闲时间任其自主支配。开学仅仅两周，M老师竟将校内17台有故障的电脑修好了13台（余下4台属硬件故障），学生们又能回到计算机教室上信息技术课了。接下来，他又建立起了一个集、论坛、博客、电子办公系统于一体的校园网站。此后，M老师又陆续建议在校内推行无纸化办公、电子备课、建立教学资源库等，均得到C校长的采纳。渐渐地，大家改变了对M老师的看法，不少人主动向他学习课件、网页削作及电脑维护等知识，还有两位老师根据M老师转发在学校网站上的"媒体征稿"信息，在CN刊物上各发表了3篇教学论文，实现了B校教师在正式刊物上发表文章"零"的突破！

C校长善于识人，独具慧眼地将有"问题"的M教师变为人才。

不把"问题"扔在路上，是学校管理工作取胜的"法宝"。

不让"量化评价"成"美丽的套子"

A老师工作满20年了，还是个"小一"。看着同一年参加工作的同事（有的还比自己后参加工作）都评上"小高"了，心里很是着急，可也没办法。每次量化打分的内容又相当多，什么工作量、师德师风、表彰奖励、教学业绩（巩固率、及格率、合格率、优生率)、教研课(观摩课、示范课)、论文获奖(或发表)……可自己呢,只有教学成绩有优势。眼看快奔"四"了,A老师决定搏一把。新学年开始,他除了按往常一样工作外,还多方了解信息,只要有什么活动,他就全力争取,尽力参与。由于有同事的帮助,加上自己的辛勤劳动。一学期下来,上了一节县级公开课,指导学生的美术作品在区教科所组织的书画大赛中获二等奖,参加县级班主任基本功竞赛获二等奖,一篇论文获区专委会二等奖。第二学期,他仍旧马不停蹄。盘点收获,他笑了。一篇论文经同事反复修改、润色,在一省级教育杂志发表了,参加区新课程赛课获三等奖。由于一年来工作成绩不错,县政府在教师节要表彰一批优秀教师,学校量化打分,他以绝对优势出线。就在这一年,他终于圆了自己的"小高"梦。

综观诸多事实,我感觉这个"量化评价"成了一个"美丽的套子"。可不是吗?量化评价方案出台了,想评什么,就对着条件一个一个地看,已经具备了什么条件,还缺什么条件。缺了的,便"想方设法"地去"创造",哪怕出力出汗,甚至"出血"都在所不惜。一般的量化评价方案都比较全面,对一个老师来说,不可能是全才,但为了那职称(那评职后的工资),不管采用何种手段,都要让自己暂时成为"完人"。自己不会写文章吧,没有关系,只要有钱,一篇发表的论文便有了。自己教数学,不会指导学生的作文,但同事会呀,豁出"二两"酒钱也要让标明自己为指导老师的习作发表。如此等等。与网友聊天时，他说，评上小高，工资一年可长一千多元，花一半来垫底也是值得的。再说，评上了，就完成了人生一件大事，以后工作就可以轻松点，何乐而不为呢？是啊，量化评价这个美丽的套子套着多少的欲望啊！又套得多少人喘不过气来啊！

　　教育教学工作是一项创造性的劳动，很多内容是无法用"量"来表达的。而目前的"量化评价"，它只"量"结果，却没有"量"到实际的过程。比如，甲乙两班及格率均为98%，"量化"竹时只能加同样的分。殊不知，甲班学生基础差，学习习惯不好，甲班老师又要抓学生的基础，又要纠正学生不良的学习习惯，还要抓好常规的教学活动，其付出又用什么来"量化"呢？目前的这个量化评价，对怀有某种目的的老师，就会千方百计地去"套"，而一旦达到目的，就如完成任务似的"隐身"了。长此以往，会让多数人失去工作的积极性，工作得过且过，对学校、教师、学生的发展都是不利的。

　　目前，还没有更为科学、先进的评价制度出台以前，评价教师工作的优劣，"量化"仍占据着最大的"市场份额"，它仍有极大的存在价值。但我们应让其走出"套子"的阴影，淡化其在评价中的"统治地位"。

1. 把过程评价与期末（或年末）的"量化评价"有机统一起来

拿教学成绩来说，一个教师平时的工作很不错，有改革精神，有创造性，学生素质发展良好，但考试时偶有失误是难免的，这就会造成考试结果不理想。如果一味按"量化"结果分胜负，那是不恰当的。所以将过程考核与"量化评价"结合起来才更科学，更有利于调动教师的积极性。过程以什么为依据呢？平时，学校应制订出相应的教学考核办法，教导处、教科室、德育处等科室应将老师的常规工作（包括一些临时陆工作）形成文字性材料，期末考核时才有据可查，才有说服力。在其考核比例分配上，平时的过程考核应占60%以上，期末的"量化评价"应低于40%，因为同样的60分含有不一样的付出，其"含金量"是不尽相同的。通过这样的办法，让老师摆脱"量化评价"的束缚，促使老师们在过程上加大投入。

2. 让量化评价公开、透明

各个学校的量化评价方案在年初就应确定下来，或在一定时期内相对固定。其形成过程应为：先自上而下，由领导制定出初步的方案，先交由教代会讨论，再交给全体教职工讨论完善。然后再自下而上，学校领导集中大家的意见，将方案进一步细化或完善。最后还得自上而下，直至绝大多数教职工觉得满意，可以施行了为止。不过值得注意的是，要让量化评价方案真正做到"对事不对人"，令大家信服。平时遇到相关的活动，如上公开课、观摩课、研究课，论文（或随笔、反思）参赛，或相关的竞赛等，应先行公示，自愿报名参加。如遇到某一项活动报名的人多了，可运用相关人员都认可的方式来推出最后的人选。所以，学校管理者在平时要为老师们搭建一个公平、公正、公开的展示平台，引领他们积极参与相关活动，力争各有所获。

3．让量化评价公正

当今，各种学术腐败现象频频出现。有的不择手段，交几百元钱，在非法期刊（有的甚至是国家级）上发表一篇论文，在同等条件下，他便可以大摇大摆地坐在"第一"的位置上。有的老师由于外面的关系好，下载一篇论文拿去评奖，至少评个专委会一等奖，说不定还是教育学会一等奖呢。如此之类的现象在当今并不少见。在量化计分时，能"查验"的一定要"验明正身"，不能加分的坚决不能加。考核时，一定要将有理有据的计分内容摆到桌面上，不能搞"暗箱操作"。我们不能让此类不良"动作"坏了规矩，玷污了"量化评价静的"清白之身"。

虽然"量化评价"一时还不能淡出学校管理者的视野，但在实际的操作中，我们不能一"量"定终身，煮"分"论英雄，不能让量化评价成为美丽的套子，要让量化评价真正发挥它在教师成长、学校发展中的激励作用。

一声道歉拓宽管理的大道

有语云："人非圣贤，孰能无过。"在学校管理中，面对复杂的教师群体及复杂的学校事务，校长不可避免地会犯错误。犯错误不要紧，但要积极改正错误。"千里之堤，溃于蚁穴。"校长一个小小的错误，如果不及时改正，日积月累，就可能铸成大错，而"决堤之时"，还可能形成"墙倒众人推"的局面。不仅如此，在员工中也会产生消极的影响。他们可能会想，校长犯错都不改，我们犯点错又算什么。如此一来，上上下下"错误遍地开花"，可能会"天下大乱"。

◎案例 1：

K 老师工作认真，业绩优秀。但最近由于女儿在放学的路上摔倒了，在家休养，加之老公又出差了，偶有迟到的现象。结果校长在考勤时发现了这一情况，便当着一些老师的面批评了她，使得 K 老师与校长吵了起来。

思考：

教师犯错误是不可避免的。面对犯错误的教师，校长应多加关注，从源头上找问题，而不是胡乱地批评一通。在后来与一些老师的交流中，校长知道事情的真相，才发觉自己错了，伤了老师的自尊，可就是放不下架子去给 K 老师道歉，以至于使 K 老师在同事面前抬不起头，工作也变得有些懒散了。

◎案例 2：

美国西南航空公司设立首席道歉官

美国许多航空公司，已将道歉程序制度化。美国航空公司今年前两个月发出的道歉信数量比去年同期多出了整整一倍。其中，美国西南航空公司专门设立了一个向来客致歉的部门，并聘用佛瑞德·泰勒为首席道歉官。据中国《环球时报》报道，美国每家航空公司都有大批客服人员负责处理道歉事宜，若碰到航班误点或其他意外状况，航空公司都会主动向乘客致歉，并发送几美元的慰问金或机票等价值不等的礼物。"这不是我们必须做的"，泰勒说，"只是我们觉得这是我们的客户应得的。"泰勒每天要工作 12 个小时，查出西南航空公司服务不够周到之处，然后写信向乘客道歉。他每年大概要为 180 个航班写道歉信，向乘客解释该航班存在疏漏的原因。假如每个航班按 110 位乘客计算的话，他一年大概要向 2 万多人发函致歉，并且每封信后都附有他的直拨专线电话。

思考：

美国的航空公司面对顾客的投诉，敢于站出来真诚地道歉，并加快处理问题的速度，强化了客户对公司的信任，提升了个人享受服务的安全度，不但解决了公司的危机，而且变被动为主动，增强了客户对公司的忠诚度。

尽管道歉的成本并不高，但效果不错。在美国航空公司中，只有美国西南航空公司是唯一连年盈利的公司，他们成功的秘诀是什么呢？这家航空公司，就是坚持着顾客第一，服务第一，从这小小的道歉做起，才建立了很好的服务信誉，培养起了大批长期的顾客。

"火车跑得快，全靠车头带。"但车头不光要质量好，还必须方向不错，否则就会南辕北辙，走入歧途。而一个有错不改，以至于满身错误的校长，是难以担当起"车头"这个重任的。

1. 较长要能反思，会反思

校长，作为学校的管理者，大小事务在案头，有时可能是忙得焦头烂额。但千万别忘了一件事，那就是反思。无论工作多忙，每天都要抽一定的时间作一个彻底的反思。反思可从以下几方面人手：我今天做了哪些工作？在这些工作中，哪些做得不错，好在哪里？还有哪些做得不对，不对之处在哪里，原因是什么，补救措施是什么？我有没有发脾气，甚至无缘无故地批评老师，或没弄清事情真相就妄下断言，而伤了老师的自尊……反思之后，把当天的这些工作一一记录在案。

2. 校长应建立一本"错题集"

每天回顾了自己的工作之后，除了做好工作记录，还应专门给自己建立一本"错题集"。把自己做错的事情一一记录在册，并在每一个"错题"后面写出新的"解法"，确定好实施的日程表。不仅如此，还应随时翻一翻前面的"错题"，看哪些解决了，有没有效果，有则记录下来。没有的，则必须选择新的"解答方法"，并从速实施。

3. 校长道歉，对职工是尊重

学校的发展，需要打造核心竞争力，但校长却不能把自己当作核心人物。因为，一旦把自己看作这样的人，便仿佛高高在上，似乎犯错误也没关系。而如此一来，"上梁不正"

必定导致"下梁歪"。看一所学校的状态，不是看领导的状态，而应该看老师的状态。如果老师们就是这样一个状态，那学校就没有发展的希望了。而员工良好状态的"根"又在领导自身的形象和"管"与"理"上。所以，领导犯错，根据实际情况向相关人采取恰当的道歉是十分必要的，这是对教师、学校及教育的尊重。如果犯错是针对某教师的，可以采取当面道歉或书信（QQ 留言、电子邮件）等方式进行。那么，教师个人会因此对校长油然而敬，也会受校长人格魅力的影响，在今后的工作中自省、自律，尽心尽力教书育人，创造性地开展教育教学工作。如果犯错是针对全体教师的（如决策失误等），就有必要在全校教师会上道歉。这需要勇气，但却能唤起全体教师的尊重与信任，校长更会在无形间打造出一条"政令畅通"的绿色通道。

4. 校长道歉，对自身是自省、自律

一个真正敢于道歉的校长，他一定是个善于自省的人。学校管理中，难免会因决策失误而造成不良的影响。而校长在决定道歉前，总要思考错误的来龙去脉，是因为什么而犯错，以及今后的补救措施等，从而给老师们一个明明白白的交代。也正是这样的思考过程，给了自己自省的空间和时间，并在自省的过程中，寻求解决的办法，从而降低今后犯类似错误的几率。同时，也因为道歉，校长会更加的自律。因为，

人都是很爱面子的，如果校长经常道歉，自己的面子上也过不去。同时，作为一个管理者，他也很清楚地知道，如果经常存在道歉的问题，说明存在的问题太多，管理漏洞太多。所以，校长为了减少道歉的次数，必定在每做一件事，或每作一个决策之前三思而后行，从而提高学校管理的质量。

一声道歉，是管理者智慧的显现，是人格魅力的彰显，它会使学校发展之路越走越宽。